雪兒．梁帛．雲豪．方羚◎著

Lov
Rid
Taiwa

輪子出走

沒有跨不過去的障礙，只有跨不過去的

推著輪椅拍婚紗，光用想就難以執行，更何況是環島，

但真實發生在台灣這塊土地上，一段出走，感動許多無法出走的人。

推薦序　勇敢去追夢

每個人從小到大一定有許多夢想，十之八九都是想想而已，眞正能去實現的實在不多，儘管如此，還是會不斷的編織一些美麗的夢，因爲有夢最美，有夢想就有希望，人因爲夢想而偉大，許多不凡的成就起源就是一個夢想，如果說夢想就是改變世界的力量，這是再適當不過的。

多數的傷友在受傷後都不敢繼續作夢，即使有也是黑白的，因爲認爲自己行動不便，哪裡都不能去，什麼事都不能做，再加上因爲大小便失禁，所以想到出門就害怕，不得已需要外出時，也總想趕快回家，所以環島這件事好像和傷友扯不在一塊兒。

然而，本書中的四位主角就不是這麼想，他們帶著使命勇敢去追夢，因爲他們知道若沒有勇氣踏出去，夢想永遠都只是遙不可及的夢而已。尤其對雲豪和方羚而言，並不是他們的身體好到和非傷友一樣，可以不用擔心因爲脊髓損傷而產生的後遺症，路途中不會因爲喝水不足而產生泌尿道感染，不會因吃了不乾淨的東西而拉肚子，也不會因久坐而產生壓瘡等等，這些問題對傷友而言並不是長時間外出才會產生，而是在日常生活中就會有的現象。所以在路途中生病，或是因爲肌肉使用過度而產生傷害，應該是可預料的。

傷友因爲脊髓神經受損，所以受傷部位以下無法調節體溫，即使是受傷部位以上，也會因爲血液流經冰冷的下肢而將體溫變冷，所以大部分的傷友是怕冷又怕熱。這趟旅程可以說經歷了春、夏、秋、冬各種天氣，尤其是溼冷的天氣，對傷友而言眞是可怕的噩夢。除了天氣因素，他們還要克服各種地形的困難，對一般人而言上點坡度並不算什麼，但對輪椅者來說，坡度是絕對的挑戰，偏偏臺灣的地形是坡多過於平路。這十四個輪子，二十五天，一千公里的行程，所展現追求夢想的堅持，其中許多故事眞教人動容，並爲之頻頻拭淚。

如果要用一句話形容「輪子出走」的精神，我會說他們四位是「爲愛走天涯」，爲小愛也爲大愛，雲豪和方羚一方面爲了見證彼此對婚姻的承諾，而另一方面，他們更希望激勵那些尙在愁苦中的傷友，看見他們克服困難的勇氣，也能拋開無謂的憂愁，走出生命的桎梏，迎向朝陽。「爲愛走天涯」走出了許多人的夢想與希望，相信他們的辛苦是値得的。

「輪子出走」，是爲雲豪和方羚而走，也是爲傷友而走，更是爲中心的願景：「協助人們活出嶄新的人生」而走，旅途中帶動社會大衆看見身心障礙者的不便與需求，同時也能看見他們克服困難的勇氣，這些他們都做到了。然而更深的意義是他們勇敢追夢的精神，讓許多人跟隨他們的腳步，踏上人生另外一個不設限的旅程。

財團法人桃園市私立脊髓損傷潛能發展中心董事長 **林進興**

各方推薦序

她與他只是互相的一個眼神，都能讓旁人感受到那份相知相惜。唱再多的動人情歌，聽再多的愛情故事，都不如那一眼相望，若不是他們彼此之間愛的能力如此強大，那麼那一眼又怎會如此動人！

歌手 **李度**

是你們的故事讓我們學習到，愛與夢想是要有更多的勇敢跟堅持，才能繼續往前走，你們眞的太棒了。

歌手 **亦帆**

如果心中有顆種子，那就讓它發芽吧！只要你願意，再貧瘠的土壤，都能開出最美的花。

POP Radio 主持人 **徐哲緯**

謝謝輪子出走，一趟不華麗的冒險，不僅僅是夢想的實踐，更讓我們發現，原來失去比擁有更爲可貴！

脊髓損傷協同團隊行銷長 **簡宏偉**

夢想需要勇氣的實踐，輪下的酸甜、苦樂所完成的夢想，是一生最甜蜜的經歷。而在愛與勇氣促成他人夢想，也成就自己夢想，更是助人者豐碩的果實。夢想的起點，需要更多人的參與及實踐，透過書中勇氣的傳遞，使每個人夢想成真。

臺灣中華組織發展協會祕書長　**吳佳霖**

那年夏天一段交錯歡笑與淚水的旅程，年輕的他們勇敢逆光追逐夢想，放開心胸接收一切，路上所有的花都爲此耀眼綻放！

飛捷文教基金會董事長　**林大成**

The power to dream : It is often said that dreams can come true. But many people allow their perceived shortcomings to eclipse this idea. We forget that within each of us, is the majestic power of the universe itself. Our very existence is the result of the creative power of the universe, and this same power gives us the ability to dream, and make those dreams come true. When we witness others overcoming their obstacles and accomplishing great things, it can remind us that we also possess this ability.

Within the pages of this book, we can find a reminder that everyone has the amazing power to dream, and to do.

國際環島音樂家　**馬修連恩**（Matthew Carl Lien）

作者序 學著活出生命的堅強

還記得第一本書就是華成圖書的《紐轉人生：小資女紐西蘭打工度假趣》，那時對於出書還懵懵懂懂，心想是把在紐西蘭的打工度假歷程整理出來就變成一本書嗎？於是帶著很多疑問，又帶著很多期待，完成了自己人生第一個作品。

自打工度假回來後就對旅遊上了癮，也對原本的工作倦了心，三十歲眞的是一個人生很重要的分水嶺，三十五歲也是，單身毫無負擔的我決心走向文字作家這條路，多少人告訴我：「走這條路可能要準備餓肚子。」但有一種懸念是不去做，永遠不知道結果是什麼。

印度的思想家吉杜·克里希那穆提曾經說：「如果喜歡花，就去當園丁。做自己喜歡的事時，沒有恐懼，沒有比較，也沒有野心，只有愛。」

人生眞的沒有對的路，但總有喜歡的路途，《輪子出走》是我對過去十年在非營利組織工作放下的最後一段路程，要一個小資女、背包客騎小折環島，說眞的難度非常大，但過程中我總告訴自己：「騎過了那個山頭，就到得了下一個城市。」

而這一本書，也獻給在過去在工作中跟我一起努力的夥伴，還有在天堂的玠樺，是你們讓我了解從挫折中站起來有多麼困難，困難中又必須心懷希望，即使一念之間就是絕望，但還是要奮

不顧身，越過那座永遠跨不過的大山。

永遠不要想用死亡終結身體殘缺帶來的痛苦，最美的還是內心中善良的堅強。

雪兒 cher

目錄

002 推薦序 勇敢去追夢／財團法人桃園市私立脊髓損傷潛能發展中心董事長 林進興
004 各方推薦序
006 作者序 學著活出生命的堅強

010 楔子

第一章 啓程
爲受傷的靈魂找回生命的方向
015 從雲端跌落的靈魂
018 沒有最慘的那個人
022 相信愛就會得到愛
027 不被祝福的婚姻
032 醞釀出走
036 代替你去看風景
039 打破障礙的極限

第二章 出發
故事從不可能事先設定，
總是在出發後才開始撰寫
045 第一天，不可能回頭了
054 寒流的考驗
060 全臺灣擋不了的善心
069 想逐夢，最重要的事
073 清境草原，今天離夢想最近！
077 街頭表演初登場
081 在雲林，看見落地生根
085 最遙遠的距離
091 熱情的臺南人啊！
096 互相守護的愛情
100 今天我真的嫁給你了

第三章 磨難

沒有人有義務幫助弱勢、
幫助誰完成夢想，
夢想也沒有想像中美好

107 潛進海裡拍婚紗
112 我們的初衷呢？
121 烘焙坊的香味，乒乓球手的汗水
125 回娘家
130 花蓮的那碗麵
135 一百公里，海岸線狂奔
139 飛上天說我願意
141 最後一哩路，無比光榮
144 家就在前方

第四章 信念

四個人的夢想，
感動了全臺灣的人，
原來我們能做的比想像中還多

153 走出去，才能看見真實的自己
158 找回生命的價值
162 歸來後，砍掉重練
167 一種執念，化為美好
171 沒有人需要認命
175 天堂不在遠方

附錄

178 輪子出走全臺婚紗幸福走透透＋街頭賣藝幸福走唱：一千公里行程大公開
188 眾家媒體採訪
189 感謝一路有你相扶持

楔子。

二〇一五年春，三月天才稍稍吹來暖意，在脊髓損傷潛能發展中心工作的四個人密謀著一項驚天動地的計畫，負責公關事務的阿帛找了剛登記結婚的雲豪跟方羚，提議：「既然你們沒錢拍婚紗，不如我們去環島拍婚紗吧！」但總要顧及他人眼光，公司不可能專程放這兩個剛結婚的夫妻一場假，去拍婚紗，於是決定用最克難的方式，在輪椅前面掛了手搖跟電動車頭，自己上路吧！順便找了已經遞辭呈的雪兒，「既然妳離去的心意已決，就跟著我們去環島吧！反正也不差這一個月。」

阿帛果然是一個無比的說客，若是生在春秋戰國時代，大概又是一個學說的大家，即使機構裡面多少人不看好此次計畫，很多同是輪椅的朋友也擔心雲豪跟方羚的安危，最終還是決議兩臺輪椅跟兩臺單車，就從風雨中無畏出發。

輪椅加掛車頭一臺有五個輪子，單車則是兩個輪子，四個人加起來就是十四個輪子，四個人沒有行李箱，也沒有隨行人員幫忙提著尿布跟行囊，就四個背包，爲了這對新人要打造一場婚禮，相信這一場冒險會讓許多人對於坐在輪椅上的她跟他，開始改觀。

於是四個背包、十四個輪子、四個瘋子、一場婚禮，一生不能錯過的冒險，用旅行打破障礙的極限。

夥伴介紹

畢業後輾轉進入非營利組織就業，在這之前從未想過在身心障礙機構工作，無心插柳之下竟然超過十年，之中也看遍了許多傷友的勵志或悲苦人生。

29歲前在酒店當少爺，因交通事故造成脊髓不完全腰髓受傷，原本終生需要依賴輪椅，卻在兩年後奇蹟似站立，但仍無法獨自行走，目前任職於脊髓損傷潛能發展中心公關部門，同時是各大學校的生命講師，最大願望就是帶著妻小四處旅行。

從小就夢想當一個流浪漢，大學念了六年設計，研究所又念了六年性學研究，現在又跑去世新大學念非營利與社會企業在職碩士班，人生不斷的在跳 tone，一個意外踩進了非營利組織，希望可以拯救世界。

24歲於出差受訓時從樓梯上跌落摔傷變成腰脊受傷，終生需要依賴輪椅扶助，目前任職脊髓損傷潛能發展中心訓練導師，參加過輪椅選美比賽獲得第三名。

第一章

啓程。

為受傷的靈魂找回生命的方向

Saber

Love Ring Taiwan

沿著路走到底能不能看見盡頭？坐著輪椅能不能走回靈魂最初的角落？

一個二十四歲就被迫坐上輪椅的女孩，受傷前一個禮拜正準備歡欣鼓舞慶祝生日。一個在酒店工作的男孩，在深夜下班的街角，被突如其來的車禍帶走了健全的四肢，被迫脫離光鮮亮麗的日子。

還有兩個迷失在人生方向的夥伴：雪兒跟阿帛，她曾經爲了追逐自己，而在國外流浪近四〇〇天的時間；他則是爲了找尋答案來到脊髓損傷潛能發展中心，這兩個人都不約而同的在身心障礙福利機構看見不一樣的自己，迷惘於接下來的人生方向。

「輪子出走」是一段找尋愛與勇氣的冒險旅程，更爲自己的人生，找尋下一個眞實的出口。

從雲端跌落的靈魂

方羚，從小生長在臺東關山紅石部落的布農族女孩，人生最大的夢想就是遇見一個疼愛自己的男人，然後在二十五歲前走入婚姻殿堂。

她有一個從小就相識的男朋友，男孩就住在部落的隔壁村莊，曾經是許多少女的夢中情人，大學之後兩人開始交往，畢業後也打算早點進入禮堂。返鄉後的第一年，方羚進入海端鄉公所擔任就業輔導員，卻意外的在職前訓練中跌落樓梯，人生從此就一百八十度轉折。

那天醒來如往常準備下樓盥洗，不小心卻踩空階梯，一路從二樓滾到一樓，方羚奮力想找一個可以握住的欄杆以停止身體瘋狂的轉動，但怎樣都握不到可以救自己的支柱，短短三十秒就像是經歷一場可怕的世紀浩劫，最後躺在一樓的地板，一動也不動。剛受傷的方羚全身完全動彈不得，同事手忙腳亂把她送到墾丁度假村附近的醫院，但醫院的醫生看了受傷的狀況，怎樣也都不肯收，急忙把她轉到車程要三小時的花蓮慈濟醫院。是啊！那又是另外一個長途奔波，救護車一呼嘯，感覺隨時都在走人生最後一段路，同事也急忙連絡方羚親友，好似趕來看她最後一面。

經歷了好一陣奔波，方羚睡了又醒，進了開刀房又出了急診室，最後有意識得清醒起來，發現身邊所有人都在哭，捏捏自己的臉，還活著！但是卻感受不到雙腳的溫度，也無法下床，轉頭眼淚已經掉下，只瘋狂對著父親大叫：「我的腳呢？我的腳呢？」淚水不停從眼眶裡面噴出。父親掀開被子，「腳還在、還在，妳自己看看。」她用力在雙腳上敲了兩下，不會痛也不會動，就只是靜靜的沒有知覺躺在那裡。到底發生什麼事？方羚心想，我不是從樓梯上面跌下來而已嗎？

「你的脊髓神經斷了，以現在的醫學沒辦法立即復原，接下來要靠復健，看能不能讓它好起來。」醫生宣布的這番話比死亡還可怕，就像判定一個人的無期徒刑，她不明白為什麼從樓梯跌下來會造成這麼嚴重的傷害，也沒有時光機可以回溯選擇不踩空那個階梯。

「脊髓損傷」是大部分人都感到陌生的名詞，不算是一種疾病，而是因為意外衝擊，造成脊椎裡面的神經斷裂，如同電燈泡的線斷了，即使另一端插入電座插頭，電燈還是不會閃亮，燈泡仍在，只是大腦再也無法控制下半身運作。不是每個人斷了神經就救不回來，只是當今醫學還無法讓斷掉的脊髓神經用開刀方式復原，就像電線斷了之後卻無法連在一起，但是仍有極少數人因為良好復健，而讓中斷的脊髓神經神奇地自主恢復連接，通常治療黃金期是受傷後半年。

「是啊！沒有後路了。」夜晚看著輪椅靜靜躺在病床旁，方羚的母親爲此辭掉工作在身邊照料她，沒想到一個意外造成全家人的傷痛，看著自己完全廢棄的雙腿，方羚沮喪不已，一度想要放棄，但是看見母親日夜辛勞爲自己禱告，心想儘管復原的機率只有萬分之一，也要努力、努力再嘗試。

受傷後的一年從花蓮轉到臺北繼續復健，這段日子比想像中辛苦，因爲急著想讓自己早日站起來，當同梯復健夥伴都已經回房休息時，方羚仍選擇埋頭練習，因爲她相信奇蹟會發生在自己身上；數月過去，體力跟行動力都比受傷初期好很多，也開始慢慢能自理生活，甚至在醫院交了朋友，只是兩年的復健時光過去了，方羚的下半身仍然沒有任何知覺。「難道一輩子就要這樣過了嗎？」每夜看見病床旁的輪椅都有一種說不出來的沮喪，那是自己最依賴的輔具，卻也是最想逃離的工具，方羚感到灰心，甚至想要放棄。

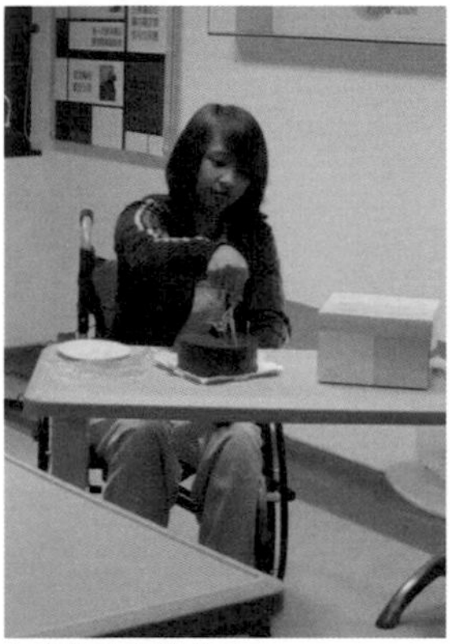
在住院時慶祝生日

二十六歲正值人生最好的青春年華，卻因一次意外造成半身不遂，兩年的復健生活讓她對於前方感到迷惘，她想回到部落，想回到過去，想用雙腳踩在玉米田裡，穿起布農傳統服飾，跳著舞，飲著酒，唱著歌，過著簡單生活。

沒有最慘的那個人

收拾行囊回到關山紅石部落，發現母親美珠姨大幅改造位在部落半山腰的兩層樓住宅，讓方羚可以利用輪椅自由活動，原本的階梯變成了斜坡，二樓的房間變成了一樓的床，浴室多了支架，而鞋架上那些最愛的高跟鞋一雙雙看起來都像笑話，難道從此她的世界就只剩下家裡的客廳和狹小的房間嗎？哪裡都去不了，什麼也做不了，更討厭別人來家裡看自己，那種眼裡盡是同情憐憫的眼光。

或許是自卑心作祟，方羚與過去的朋友一個個斷了聯繫，只剩下醫院復健的幾個好戰友偶而連絡，最後在朋友的提議下，來到位於桃園的脊髓損傷潛能發展中心學習生活重建，說穿了，也是找一個藉口好逃離在家裡當米蟲的日子，就當是三個月的遠行吧！

脊髓損傷潛能發展中心的創辦者同時也是脊髓損傷傷友，有鑑於一九八〇年代的社會對於脊髓損傷者的陌生，因此建立此機構並輔導這些中途意外受傷的傷友，教導他們自力更生及一技之長，早日有尊嚴的回到社會。機構最早只在八德的一處鐵皮屋裡，後來輾轉遷移到林口的長庚醫院裡面，募款多年後才在楊梅郊區有了屬於自己無障礙環境的「新生命之家」；大部分工作人員都是脊髓損傷傷友，包括訓練的老師以及輔導的社工。

生活重建班以受傷部位分頸髓及胸腰髓兩班。脊髓裡面的神經連結到身體四肢，大部分頸髓患者無法有效使用四肢肌肉自行推動輪椅，必須依賴電動輪椅，三餐、盥洗、大小便都需要旁人照料，嚴重者甚至只能以口控滑鼠等輔具與他人溝通。胸腰髓患者由於受傷部位較低，僅影響下半身肌肉及神經知覺，可以依靠輪椅代步、如廁，甚至獨自生活。對方羚來說，機構裡面充滿了許多不可思議的案例，「原來自己不是最慘的那個人啊！」

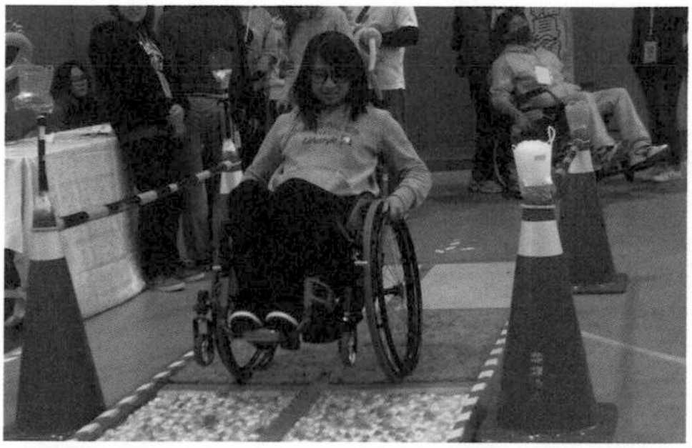
穿越過障礙物練習

讓她印象最深的大概是在機構裡面工作超過十年的林寬章老師，林老師是頸髓傷友，頸部以下全身癱瘓、動彈不得，竟然在經過自主訓練後可以自己推輪椅、騎摩托車、用口畫畫，還能教導剛受傷的學員自理生活。

全臺灣有數十萬的脊髓損傷者，都在成長過程中突然跌倒受傷，平均年齡在二十七歲，或許每個人的背景不同，受傷狀況也大不相同，但方羚在經過三個月的訓練後，發現這個世界上還有很多跟自

汽車駕駛練習

己一樣的脊髓損傷患者，之前都關在房間裡面搞自閉，直到認識這麼多班上的同儕，才知道，「能活著其實就是一件很棒的事情！」

脊髓損傷潛能發展中心的生活重建班沒有跟參加學員收取任何費用，所有經費都是來自於社會大眾的愛心，老師也常常帶大家出外聚餐，或到熱鬧的市區進行叢林冒險，了解環境再怎麼不便利，都不該是不踏出去的原因，同學也從剛開始的陌生變成無話不談。許多人對於受傷的過程仍有陰影，但卻在跟大夥相處的過程中慢慢釋放出內心的恐懼。當彼此聊起如何成爲脊髓損傷患者的過程都是嬉笑帶過，有人是因爲從屋頂上跌下來，有人是因爲下雨車禍，也有人是因爲病變，一夕之間就脊髓損傷了，似乎也是提醒彼此，不要再糾結過去的傷疤，既然還活著，就有活著的意義。

結束生活訓練後，機構爲了讓大家能有回到社會自力更生的能力，還開辦許多職業訓練課程，重新學習一技之長，然後靠著專業的技能在社會找回生活的自信，六個月的學習，每個人都努力爲自己考張證照，結訓前，機構內的就業服務人員也會開始積極媒合每個人的未來出路，希望受傷的靈魂經過中心的訓練後，都能順利回到社會懷抱，甚至開始擁有新的夢想人生。

方羚最後選擇在機構裡面擔任電腦作業班的職業訓練老師，教導剛受傷的學員基礎的電腦軟體操作，希望可以透過自己的力量，幫助更多中途受挫的靈魂。

相信愛就會得到愛

教課不難，難的是每個人的背景都天差地遠，程度也大不相同，很多脊髓損傷者是中年才受傷，或是自幼年就病變，有些傷友從來沒有用過電腦或智慧型手機，往往連「開機」這個動作都不會，更別提什麼電子信箱或是通訊軟體工具，差異大到令方羚力不從心。

很多人都會把脊髓損傷者歸類在肢體殘障，其實脊髓損傷者的四肢都非常正常，只是大腦的中樞神經無法透過脊髓神經傳達命令，讓四肢正常運作，不管是頸髓還是胸腰髓，共同的特徵就是腦子都是正常，會哭，會笑，會聊天，會思考，會憤怒，會害怕，會想不開……。常常都說脊髓損傷患者中，十個人有十一個想自殺，多出來的那個就是他們的家人，有些時候身邊的人更無法接受現實，反而走上絕路。待在中心的這幾年，看了非常多同是脊髓損傷的夥伴，因爲一場生病就離去，有些人才打完招呼說要去醫院進廠維修保養，結果一回頭就再也不見，死在病床上。

人生最悲苦的莫過於生離死別，二十多歲的方羚在這數年中經歷好多，感覺自己瞬間也蒼老很多，有一種念頭似乎叫自己要認眞活在當下，能愛就要勇敢愛，能幫助多少學員就幫助多少人，能拿著吉他唱歌就唱歌，不要在乎別人的眼光。坐在輪椅上的自己並不是有缺陷的人，人生來就不完美，卻可以學著慢慢從不完美的受傷中，拼湊出完美的樣子。

中心裡許多學員都是剛受傷的傷友，方羚看著這些人就像看到過去的自己，常以過來人心境鼓勵他們不要自暴自棄，活著其實就是一件很好的事情，夢想隨時都可以重新開始，走過的路不會白費，轉個彎也有不一樣的風景。說眞的再慘就是如此，何必讓自己陷入人不像人，鬼不像鬼的生活，殘害自己的家人，然後連同自己的內心也不好受。

雲豪就是一個下課後會隨時來找方羚聊心事的男孩，雖然年紀快三十，但心智可能要從十歲開始計算，他是二十九歲那年從酒店下班時被垃圾車追撞而成爲脊髓損傷患者，也經歷過一段幽暗的復健歲月，畢竟年紀輕輕不讀好書，長大跑去酒店端盤子，過往的經歷也沒什麼值得拿出來吹捧，受傷之後更不知道未來出路在哪裡？

雲豪是出名的油嘴滑舌，上課時常常調侃方羚，一開始是方羚的學生，後來變成了同事，原本平行的兩條線，慢慢交叉在一起，或許正因爲彼此都有一段跌落雲端的過去，開始相知相惜，一個偶然方羚問雲豪：「你是喜歡我嗎？」雲豪

害羞到不知道頭該往哪裡擺，只能默默的點頭。兩個受傷的靈魂，一段不被祝福的戀曲，方羚相信恐懼愛，就永遠得不到愛，與其如此，爲什麼不大膽走向愛？即使會受傷，會哭泣，至少勇敢的活在當下，即使兩人身體有著無法復原的殘缺，卻也能因爲互補的愛讓彼此的生命活得更有意義。

或許有人覺得坐在輪椅上的人就是身心受創的人，可能一輩子都只能窩在自己的小房間出不去，但不管有沒有受傷，事實上每個人都需要「愛人」跟「被愛」，這是本能，並不是條件論，不需要因爲自身條件的缺憾，而拒絕愛人的基本權利。

不被祝福的婚姻

方羚孩提時的夢想，就是穿上高跟鞋以及美麗的婚紗走進禮堂，但似乎這個夢想從五年前跌倒受傷的那一刻起，就已經碎裂，每一年只要到了受傷的那天，心就會莫名的隱隱作痛，不管過了多久，都是不會消失的疤痕。

如果可以，她希望能跟相愛的人在那一天結婚，讓最美的誓言掩飾最痛的遺憾，或許每到那一天，想起的不再是無止盡的淚水、醫院昏暗的燈光、母親的傷痛、怨恨，而是有一個愛自己的人，用下半輩子彌補這個錯誤，即使這輩子都無法再穿著高跟鞋行走，卻能有一個相守的人常伴於側，即使遺憾，也會笑著接受。

在交往一個月後，方羚對雲豪提出了在受傷那天結婚這個想法，她也知道這個要求太過牽強，兩人才認識不到一年，相戀不到一個月，卻要在兩個月後就踏入婚姻，旁人看來一定覺得很可笑，但既然都有衝動在一起，爲什麼不讓兩個受傷的靈魂因爲一場衝動而得到救贖。方羚預期雲豪不會答應，沒想到他竟然一副理所當然：「好啊，那就結婚吧！」語言輕輕的，沒有猶豫的眼神，一個簡單的微笑。這一刻，方羚彷彿得到全世界。

Wheel Chair

即使千萬人不認同，也想得到最後那甜美的果實

只是婚姻從來不是兩個人的事，當雲豪帶方羚回家中請求父親答應時，卻得到不被祝福的答案。雲豪的父親有過一段失敗的婚姻，或許是過來人的經歷，知道婚姻並不是兩情相悅如此簡單，看到兩個坐在輪椅上的人交往不到數月就決定結婚，感到非常不可思議，大聲斥喝雲豪：「婚姻不是扮家家酒，不要這麼衝動。」

說眞的，一般人的婚姻都已經難以維繫，更何況是坐在輪椅上的兩人，連上個廁所、逛街都不容易，爲什麼要結婚？感覺兩個人都在飛蛾撲火，完全不知道愛情跟婚姻是兩回事。瞬間家裡的氣氛凝結成冰，看來這場婚姻是結不成了，方羚默默得流淚不知如何是好。就這樣僵持在客廳的角落，雲豪的父親走到陽臺抽起菸，雲豪也跟著出去，方羚害怕兩父子會因爲自己反目成仇，如果是這樣，她也不要結婚了。突然間，外面出現了巨響，只見雲豪一把鼻涕跪在父親跟前，懇求父親答應兩人的婚事。

事實上雲豪的腳沒有力氣支撐他下跪，跪著對他來說非常痛苦，或許是誠意感動了天，也相信雲豪跟方羚的愛情即使來得快速，但有走下去的決心，那一瞬間父親再也沒有辦法阻止這兩人走進彼此生命的決心。

或許關於愛情就是如此，沒有條件但卻想要義無反顧，即使千萬人不認同，也想得到最後那甜美的果實，即使不知道未來能走到幾時，但還是很想珍惜當下的牽手。總有人問兩人爲何要結婚，畢竟雙方都是坐在輪椅上的行動不便者，很多人都告訴方羚，「妳應該要找一個眞正能照顧妳的人才對！」或者對雲豪說，「爲什麼要娶一個坐在輪椅上、無法照顧你的女生？」

實際上，愛情這種事情本來就沒有道理，重要的是「適合」的人，而不是「有能力」的人。

醞釀出走

雲豪跟方羚靠著「衝動」走入了婚姻，卻沒有一般人擁有的結婚排場，除了身分證配偶欄上的名字，沒有錢拍婚紗，沒有錢辦婚禮，甚至連度蜜月的行程都沒有，總被人笑說眞是克難夫妻。

愛情本來就不需要太多的裝飾，婚姻也是一樣，只是這一點在雲豪的心底非常過意不去，總覺得虧欠方羚一個完整的婚禮，只不過口袋空空，戶頭剩下的錢也所剩無幾，工作的薪水連支撐個家都有困難，哪來的錢能鋪張辦這些婚事呢？任職公關部的雲豪把困境告訴負責活動企劃的阿帛，阿帛嘴巴上笑他娶個老婆如此寒酸，方羚也未免太可憐了，私底下卻開始計畫以兩人為主軸的公關宣導活動，還努力說服機構，讓這兩個人帶職去拍婚紗跟度蜜月。

阿帛，一個研究所還沒畢業就來機構工作的富少爺，原本是爲了研究論文而來這邊工作順便考察，沒想到就像跳進一個大泥坑，一待就是數年，最終論文沒有寫，考察沒有做，卻用了很多創新的點子，幫傳統社會福利機構開創募款管道，他相信用自己的能力去幫助需要幫助的人，那不只是功德無量，更是快樂的來源。

▲最有事的環島隊伍

▼有一種信念，別人越是不看好，我越是要做

得知雲豪跟方羚兩位有情人最終結為連理，卻因為沒有經費完成幸福，想起了這幾年在脊髓損傷公關推廣的困難，突然靈機一動：「怎麼不用兩人的愛情故事，讓更多人了解脊髓損傷者的困境跟希望呢？」

雖然脊髓損傷已經不再像以前常被誤認為肢體殘障，也有專門的醫療類別，但是就許多社會大眾而言，還是無法深入了解為何傷友會脊髓損傷，而且往往用過多的同情心去面對傷友，甚至否定傷友的社會工作價值，不知道傷友除了無法正常行走之外，智力等各方面都沒有受到影響，如果能讓更多人看見走出去的脊髓損傷傷友，相信能更引起大眾對傷友的重視。

於是阿帛認真的跟機構長官提出這樣的計畫，即使立意良好，但也被否決過好幾次，第一次擔心傷友是否有體力環島，第二次擔心這樣的計畫只在圖利兩人，但是阿帛不放棄，甚至找來另外一個部門的背包旅行達人雪兒，宣導這趟旅行並不是只為了幫助兩個人圓夢，而是要讓更多人看見他們的夢想，讓更多人知道，坐在輪椅上的他們不只是表面上的懦弱跟悲情，還充滿一顆冒險跟積極奉獻的心。

聽到這大家都露出疑惑的表情，那該怎麼做呢？如何才能打破一般人的觀點，這不是平常機構在宣導就在做的嗎？

「不夠！不夠！不夠！不夠！」阿帛說出了機構宣導的困境，雖然不乏善心人士捐款並資助生活訓練經費，但是社會大眾仍認定脊髓損傷者處於極度弱勢，明明已經有許多傷者回到一般企業就業，或者擁有傑出成就，仍被同情心涵蓋同理心，或持片面觀點，普遍認爲身障者應該什麼事都不能做。

「所以我們要用特別的方式環島拍婚紗，而且沒有任何坐輪椅的人嘗試過！就是你們兩個要用手搖輪椅車環島。」方羚瞪大著眼，雲豪也無所適從，用輪椅環島不是太危險了嗎？平常坐輪椅出去大馬路都很危險了，更何況是環島，怎麼想都覺得不可能！去年機構也有辦理一場輪椅環島的活動，那時有數十臺輪椅機車，也有保姆車，甚至有醫療團隊隨行，但這次什麼都沒有，只有四個傻蛋。

「有一種信念，別人越是不看好，我越是要做！」阿帛每次都把這句話掛在嘴邊，也計畫了這場冒險，雖然每個人都告訴他別開玩笑，但總要有一個傻子，堅持去做自己想要的事情，如果不堅持，你根本看不見路途終點的風景。

於是四個人就決定了這趟荒唐的旅程，只有兩臺輪椅、兩臺單車，沒有其他人。

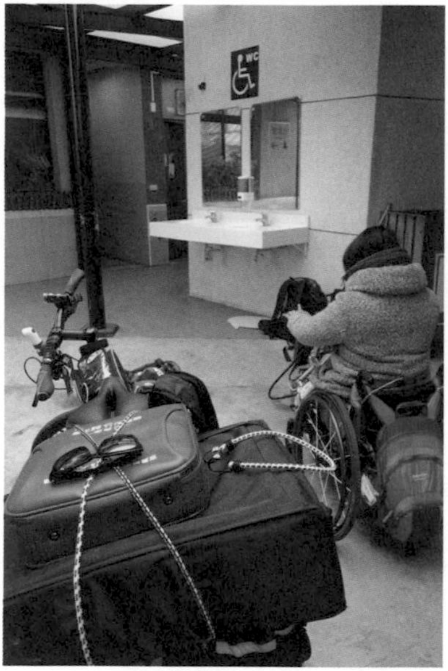

代替你去看風景

雪兒一直覺得自己是誤入歧途進入機構，二十五歲那年，因朋友邀請而來這裡的網路工作室擔任主管，協助電腦軟體訓練結訓的傷友接案跟企劃。

畢業於網頁設計班的傷友，要進入外面企業工作還有不少障礙，不是困於交通不方便，就是不友善的無障礙設施，更現實的是傷友的技術水平無法達到業界要求，仍需要倚賴外界的經驗，只能藉由一些專案訓練，讓這些初生之犢培養能力，從案子裡面學習到更多經驗，雪兒原本以爲這只是階段性工作，沒想到一年拖過一年，轉眼間工作室的人也來來去去了好多人。

最令雪兒印象深刻的是一個叫士豪的男孩，自小隨父母移民至南美洲委內瑞拉，就在一天，家中突然闖進幾個搶匪，拿著槍對著他跟哥哥說「把錢拿出來」，哥哥嚇到了，士豪卻不畏懼得衝向搶匪阻止他們，沒想到搶匪朝他身上開了數槍，血流滿地，子彈卡至胸腰髓，宣告才十七歲的他終生都需要仰賴輪椅，父親爲了給他更好的醫療環境，帶他回到臺灣，並送到脊髓損傷潛能發展中心生活重健。士豪天資過人，年紀小小對網頁程式設計非常有興趣，但一開始外界並不看好工

作室的實力，接了好幾個案子都非常吃力，架設網站也常常力不從心。

雪兒的加入剛好彌補工作室缺乏的企劃經驗，並慢慢輔助工作室順利接到政府以及相關企業的網站或系統專案。工作室還有兩個夥伴，其中一位阿樺是頸髓不完全個案，二十多歲就在中國沿海的工廠擔任廠長，也有穩定的交往對象，卻因一次車禍造成頸髓傷害，之後回臺灣復健，並在中心進行職業訓練後，至工作室擔任工程師。工作室在眾人不看好的眼光中慢慢穩定成長，完成許多艱難任務，或許是革命情感使然，儘管工作遇到再重大的瓶頸，雪兒總因爲割捨不下對夥伴的承諾，而遲遲無法放手。

喜愛旅行的雪兒曾經在三十歲那一年，以留職停薪的方式到海外打工度假，回來之後繼續爲機構服務，只是沒想到三年後的秋天，傳來一個噩耗讓她不能自已。與她情同兄妹的阿樺說要去開刀，卻在隔天自殺身亡，一股心酸讓雪兒再也無法承受，感覺多年工作的成就彷彿塵煙，一吹之後灰飛煙滅。

忍痛幫阿樺辦完喪禮之後，雪兒就提出辭呈，剛好阿帛有「輪子出走」的計畫，沒想到也被拉來當成員，她可以拒絕，但更想爲死去的阿樺走一趟無法去的旅程，畢竟過去阿樺一直都關注著雪兒的旅行，這一次她想告訴天上的他，「有些事情你要活著才能做，輪椅上的風景也可以很迷人。」

打破障礙的極限

那兩個坐輪椅的夫妻自從受傷以後就沒有再遠行過；而另外兩個騎單車的人，因長久坐辦公室所以體力很差，從開始計畫到出發，四個人都不斷懷疑是否能成行？甚至也沒有任何詳盡的訓練或是討論，連單車都一度沒有著落，但還是保羅・柯爾賀在《牧羊少年奇幻之旅》書中的那句話說得好，「當你眞心渴望追求某種事物時，整個宇宙都會聯合起來幫你完成。」

離開前一週，也爲這次旅行的目的下了定義：爲了打破障礙極限，所以要用背包旅行的方式，讓更多人看見輪椅族也可以勇敢走自己的旅途。並決定以沿途街頭表演的方式籌措旅費，讓大家看見方羚跟雲豪才華洋溢的一面。

這趟旅行不是免費的，也無人贊助，更不是只是爲了圓輪椅夫妻拍攝婚紗的夢想，最重要的是讓那些走不出去的傷者，能夠看見我們走出去的勇敢，也讓一些不了解脊髓損傷者的社會大眾，藉此明白傷友沒有眾人想像中的弱勢，他們可以做的永遠比你想的多，請不要因爲不理解，就用氾濫的同情心斷絕他們回到社會的可能。

兩個男孩認真學習

行前先到單車教室，學習換胎的方法

脊髓損傷的傷友在受傷之前都與行走無礙的常人無異，他們需要的是「平等對待」，過度禮讓跟同情心氾濫，其實是另外一種歧視。阿帛跟雪兒在機構工作數年，更能明白脊髓損傷者要的是一個回到正常社會的機會，而不是被框在「輪椅族」的標示下。對人最好的幫助就是「平等尊重」，不要把同情心凌駕在同理心之上，沒有人是眞正的弱勢。

「輪椅前方的手搖車頭沒問題嗎？」雲豪望著阿帛，語氣透露了不安，眼看就要出發了，都還沒有看到車頭。

「還要帶什麼呢？」完全沒出過遠門的方羚實在不清楚到底要帶多少東西。

「你確定每個人都要穿禮服騎單車？」雪兒覺得阿帛的點子一點都不切實際。

「所以我眞的要帶吉他？」方羚最大的苦惱是帶心愛吉他出門，爲什麼不是烏克麗麗，吉他眞的很重，而且好怕它磨損。

「折氣球的工具都要帶嗎？要帶幾個？而且我只會折黃色小鴨。」已經搞不定到底要帶幾套西裝拍婚紗的雲豪，更煩惱要帶多少折氣球的道具。

「我還要帶卡拉 OK 伴唱機。」阿帛興致高昂。

「那婚紗呢？」雪兒一臉覺得其他三人都是瘋子。

「當然是帶著囉！有人已經願意無償贊助租借我們婚紗。」好消息總是來得很晚。

方羚跟雲豪的結婚是衝動，阿帛的計畫是時機剛好，雪兒加入是悲傷的意外，來自四面八方的四個人，即使在同一個機構工作，彼此想法卻是天南地北，但都有一個目標：「完成這趟旅行」。

或許旅行之後又有各自的人生，但能爲了夢想一起協力完成某件事情，眞是再一次的青春熱血。

祈求保佑旅行一路平安

第二章

出發。

故事從不可能事先設定，總是在出發後才開始撰寫

Love

Ring

Taiwan

說「輪子出走」是全臺灣最有事的環島隊伍一點也不爲過。出發的那天沒一個人準備好，卻浩浩蕩蕩帶著婚紗、卡拉OK伴唱機、尿布、浣腸、超重背包……。那天還有當年度最冷的寒流，都不知道能不能走完這趟旅程，只是突如其來的大陣仗媒體報導，也宣告了這是一場無法回頭的冒險。

第一天，不可能回頭了

3/9 桃園楊梅 ▼ 桃園新屋綠色隧道 ▼ 新竹南寮漁港 ▼ 新竹火車站 ▼ 苗栗三義火車站

不是單純環島拍婚紗、度蜜月，而是一場有任務的旅行，有太多事情要做，甚至需要詳細的計畫，不過攤開雙手，事實上四人什麼都沒有做，感覺每天唯一做的事就是白日夢，方羚想要去很多知名景點拍婚紗，雪兒說要去住很多特色旅店，最好可以睡廟裡，雲豪說要去四處街頭賣藝，還有吃很多好吃的東西，阿帛想著如何記錄每一天的時光，然後讓更多人知道我們……，沒想到距離夢想卻越來越近，感覺也越來越不眞實。

二〇一五年三月九日，出發的當天，大概是入春以來氣溫最冷的日子，因應環島拍婚紗的主題，每個人都打扮得格外愼重，方羚穿著白色小禮服，頭帶著婚紗，臉上洋溢著幸福笑容；雲豪穿著白色西裝，一臉靦腆卻顯得分外緊張；雪兒不畏寒流穿著超短的白色澎澎裙，十足伴娘模式；阿帛則是氣定神閒。機構在出發前安排了愼重的記者會，邀請所有在職的同仁跟學員，爲這批不怕死的傢伙獻上祝福。

太過倉促的準備時間，結果四個人全都沒睡好，出發當天都睡眼惺忪地站在眾人面前，連行李都尚未打包，中心的公關部門臨時邀請電子及平面媒體採訪，把出發的場面製造得熱鬧萬分，讓我們也驚訝不已。雲豪握著方羚的手，告訴記者希望透過環島彌補方羚沒有拍婚紗的遺憾，應記者大哥的要求，方羚把準備隨行的吉他小紫拿了出來，即興的在現場演唱一首部落族人創作的歌曲〈愛人不要多〉，甜蜜的宣告自己的選擇不需要多，對的一個人就夠，即使衝動也願意為愛勇敢承擔，雖然前方的路看起來很崎嶇，但是只要遇到了合適的人，就應該勇敢牽起對方的手，跟心愛的人一起走下半輩子的旅程。

事實上，出發前兩天，美珠姨還打電話來勸女兒不要去，畢竟旅途中沒有任何保姆車，就是兩臺掛有手搖車及電動車的輪椅以及另外兩臺單車，更沒有醫護車隨行；而且還在這春寒料峭的變化季節，誰能保證前方不會發生什麼意外？雲豪也很害怕，不過不是怕自己的身體狀況，而是怕方羚沒辦法承受這樣長時間的旅行，如果可以，希望所有的勞累都由他來承擔，方羚只需要當美美的新娘，不要經歷如此的風霜之苦。

即使如此，阿帛相信越是充滿挫折的旅途，更能考驗兩個人相愛的決心，也相信每個人都應該擁有自己的故事，即使殘缺也有愛情跟夢想，方羚是如此，雲豪也是，一百公分的輪椅人生，不該充滿歧視跟同情，「輪子出走」就是想用行動去告訴世人，用愛可以打破障礙，也可以讓破碎的生命找回新的出路。

出發前才開始把行李放在車上，背著沉甸甸的背包，輪椅座墊下面都是尿布，阿帛還刻意帶了卡拉OK伴唱機，雪兒把吉他背在背包後面，四個人穿著禮服跟洋裝，就這樣浩浩蕩蕩從脊髓損傷潛能發展中心的大門前出發，下一站是新屋的綠色隧道，但說真的，連第一站能不能騎到都是問題。

只是沒想到就在出發後的數小時內，「輪子出走」的故事就躍上臺灣各大媒體，也傳送到世界的每一個角落，甚至有朋友透過網路跟我們說，「我在美國的華人新聞頻道看到你們的旅行，你們真的是太棒了。」阿帛在騎單車的過程中，手機也快被各家媒體記者打爆了，所有人都在關注這場旅行，關於兩臺輪椅夫妻，兩個單車生手，二十五天用環島去創造的夢想旅程。

雪兒不禁苦笑對其他三人說，「看來這是一場回不了頭的旅行。」

輪椅後面的背包太重，單車的坐架上堆滿稀奇古怪的環島用品，除了四大包的盥洗用品外，還帶了跟臺北婚紗公司租借的婚紗、卡拉OK隨身伴唱機、街頭賣藝要用的吉他、折氣球的工具以及四輪菜籃車，光是這些東西要上架就很有問題，出發前還四人還手忙腳亂的把這些東西綁在身上。而且儘管雪兒跟阿帛有豐富的旅行經驗，方羚跟雲豪對於長途旅行則是毫無概念，問題在出發後層出不窮，真

鳳鼻隧道

正走在路上已是百感交集，回頭遙望機構的模樣，那是二十五天後的終點站，往前看路途茫茫，總覺得隨時要放棄，搞不好等等輪椅就承受不住長時間奔走爆胎，一群肉腳就會大叫著「我要回家！」但已經在路上，就要學著去克服一切。

阿帛在最前面騎著單車，方羚跟雲豪在中間，雪兒壓後，四個人就這樣從楊梅沿著線道騎往第一站「永安漁港旁的綠色隧道」，但第一站是新屋的一家早餐店，原來昨晚沒有一個人睡好，雪兒跟阿帛都整理到早上四點才入睡，醒來就匆匆忙忙趕到機構，肚子已經在叫的四人在早餐店重新整理裝備，雪兒在旁邊寫文章，記錄拍照，對面剛好是一家五金行，「去買條固定的繩子好了。」原本想輪椅後面拖拉行李可以減少重量，但計畫趕不上變化，不管阿帛怎麼用，都無法在輪椅後面固定菜籃車，說眞的！感覺後面那堆厚重的包包隨時都要從單車上跌下來，只要輪椅往前一動，菜籃車就會偏歪，最後雲豪無奈得說，「沒關係，那就全程背背包吧！」

四個人又開始沿省道騎往海邊，原本以爲寒流會讓大家冷到無法前進，反而因爲流汗讓彼此都很享受冷風徐來的洗禮，不過不到一個鐘頭，雲豪整臉疲憊不堪，臭臉到準備放棄的模樣，方羚也收起了興奮，感覺快要凍壞。雪兒看方羚身體包得跟粽子一樣，但是腳卻只有穿絲襪，一臉擔心問她：「腳不用穿褲子嗎？」

「反正又沒有感覺。」方羚笑答。

突然間，雪兒有一種難以言喻的心酸感，雖然在機構工作這麼久，也知道脊髓損傷的特性，但還是會忘記，生活中的某些溫度他們已經無法再擁有。雲豪過去的人生裡也沒想過背包旅行，酒店工作的那段時光，每天都活得紙醉金迷，旅行最遠也只去過臺中；沒想到，這根本沒有想像中簡單。雲豪覺得肩膀快要被背包的肩帶壓垮了，而且後來才發現輪椅的備胎竟然忘記拿，折氣球的器具又少了哪些，凡事都要麻煩阿帛跟雪兒，自己能做的少之又少，開始害怕接下來會發生什麼事情。

總算在三小時後，騎行到桃園新屋的綠色隧道，三月的海風吹得每個人頭都痛到不行，根本沒有什麼浪漫情懷，只想趕快遠離這個鬼地方，於是找到一個樹蔭下就開始第一組婚紗拍照。說眞的，「輪子出走」拍婚紗方式的確克難，阿帛是不專業攝影師，雪兒是不專業造型師，方羚是認命的新娘，雲豪是姿勢怎麼擺都被罵的新郎，或許是患難見眞情，即使寒風穿入了身體，但能離開機構去冒險旅行就是一件很棒的事！

「沒想到我們眞的走出來了耶！」雪兒超興奮。

「對啊！不用打卡上班的感覺。」雲豪笑說。

「哈哈，今天不用幫學員上課。」方羚終於走出了教室。

「是啊！這趟旅程我們會走完的！」阿帛驚呼。

難掩興奮，仍有止不住的憂慮，或許此刻每個人的心底都在想，「大概明天就會回家了吧！」

下一站要從桃園永安漁港經臺六十一線沿路推到新竹的南寮漁港，沿著海線的高速路段前進，旁邊卡車、汽車一輛輛呼嘯而過，而四人的速度比起剛開始已經慢了許多，騎單車跟推輪椅並不是這麼簡單，期間有好一陣子海風都快要把四人吹到田野間，甚至一度還騎到汽車專用快速道路上，或是騎到一半行李整個從單車背後上滑落，一整個超冏。或許是有夥伴的關係，大夥把吃苦當吃補，不過享受沿途海景時候，會一度感恩自己眞切活在這塊土地上，尤其當陽光緩慢散落在西部的臺灣海峽，那是在辦公室、在家裡、在城市中、框架裡沒辦法感受的。漸漸明白爲什麼有人這麼熱愛單車或是徒步環島旅行，土地會告訴你那些生活中不會發現的故事。

到了下午四時，終於抵達滿溢地中海風情的南寮漁港，此時雪兒體力已經快要透支，雲豪的手搖車也出現問題，風沙都快把前面的視線都擋住了，一度覺得「爲什麼要來做這種吃力不討好的計畫？」或許旁人覺得四人出來旅行過得很爽，殊不知道用腳力走出來的旅行是多麼克難，用生命拍出來的婚紗照是多麼辛酸，大家合力把方羚連同輪椅抬到海岸邊幸福的鐘下面，海風冷不防得吹起沿岸的沙，瞬間全刮在四人身上，痛到每個人都哇哇大叫，拍完之後整個累癱在旁邊休息區，突然內心一陣悲哀。

以前工作再怎麼辛苦，燈關了，回家就有床可以躺。但是現在卻沒辦法回家，不能打卡下班，因爲下一站不在新竹，在苗栗，不是家。

隨著天色準備入夜，兩個屁股開花的單車生手，加上一對不曾遠行的輪椅夫妻，最終靠著意志力騎到新竹車站，夜晚溫度越來越低，入夜之後接近十度低溫，每個人的身心都顯得異常疲憊，正要買車票去苗栗，卻碰上了一年一度的臺灣燈會。當然你會問環島跟臺灣燈會有什麼關係？答案是，「燈會期間，不允許單車上列車！」

一聽到這個消息，雪兒崩潰到想哭。馬上問：「今天要住新竹嗎？」她想找一張床睡，洗個熱水澡，不過阿帛堅持還是要到苗栗三義，於是詢問臺鐵列車有無解套方法，臺鐵的服務人員說：「如果有攜車袋就可以。」雪兒望著阿帛，阿帛望著雲豪，什麼是攜車袋？當下只覺得好崩潰。阿帛跟雪兒的屁股已經是一坐到單車馬上會有彈起來的恐懼感，現在又搞了什麼攜車袋，方羚則默默地說：「小洋裝破了！」新買的洋裝從背面破風到側面，第一天就搞出了這麼多烏龍，然後機構的公關興奮得打電話來說：「你們明天會上全部的報紙喔！」

沒有興奮，當場四人有種想死的感覺。

有一種路最可怕，就是無法回頭的路，而四人踏上的或許就是這種路途。於

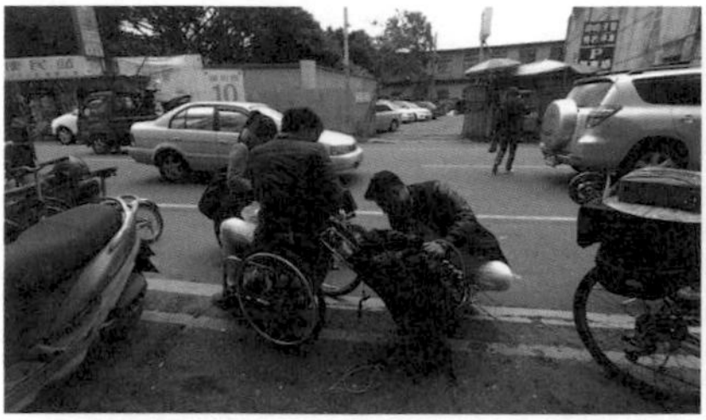

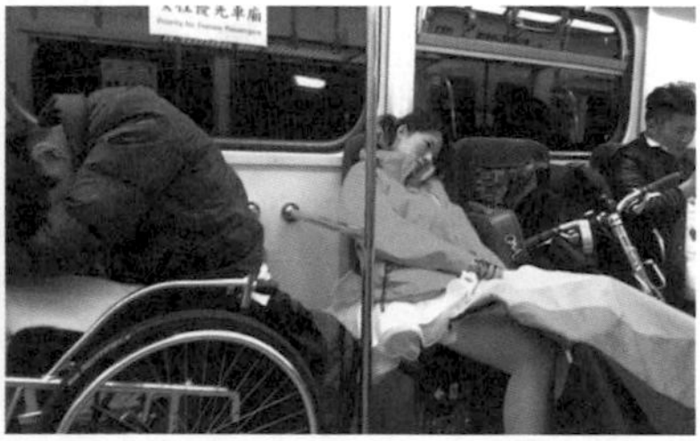

是阿帛跟雪兒只好騎著單車去四處找單車店解決問題，雲豪跟方羚則在車站裡面發呆，雖然大家都覺得一路出來，一定是兩個常人照顧身心障礙者，但現在情況剛好相反，因爲列車並沒有限制輪椅上去，卻因爲要等阿帛跟雪兒解決單車問題，雲豪跟方羚只好在冷風中苦等，好在最後終於在新竹單車店解決所有問題，兩人扛著數十公斤的單車搭上臺鐵列車。

在車上，四人都不說話，累到已經雙眼無神，轉身就可以直接進入夢鄉，首日就遇到這麼多事情，整個不順遂到極點，無法再用任何語言激勵彼此，突然間方羚的媽媽美珠姨又來電了，「眞的要去嗎？很危險耶！快點回家。」電話的另一頭哭哭啼啼。是啊！這趟旅程怎麼不危險，差點風吹落在田野，旁邊一直有車子無視我們在按喇叭，車頭也一直有問題，屁股也快要開花，四個人心底也或許明白「夢想這條路，就算再怎麼艱難！爬著也要走完。」

一路上不可能風調雨順，就像每個坐在輪椅上的朋友，在剛受傷時都感到忿忿不平，但唯有坦然的面對過往跟受傷這件事情，才能眞正從憤怒中走出，回到正常的生活。

寒流的考驗

3/10 苗栗三義火車站 ▼ 勝興火車站 ▼ 臺中大甲鎮瀾宮

尚未出發前，想像每一步都無比困難；遇見挫折後，以行動克服問題才是真正可貴之處

結束首日的騎行，抵達苗栗飯店已經是接近午夜時分，一則喜是終於照表定時刻抵達苗栗三義，一則憂是每個人都累到筋疲力盡，此時抱怨平日不燒香，也無法臨時抱佛腳，但總有方法能挽救這最隻全臺灣最有事的環島隊伍。

丟掉原有的想像，這趟旅行就是一趟耐力賽，必須適時的調整步伐，到了旅館，雪兒要大夥把背包裡所有東西都倒出來，不停質問每個人：「要？還是不要？」把雲豪一套又一套的西裝丟進了紙箱，也把那些暫時用不到的裝備寄回機構。是的，如果想要繼續旅行，那就必須學會放棄多餘的，以及放下過往吃好住好的公主脾氣以及少爺心態。

再來就是確認環島的目標，儘管全世界的人都知道這群傻子要騎著單車、推著輪椅拍婚紗，但「輪椅婚紗」從來都不是此趟冒險的終點，或許在眾人的眼裡，

阿帛跟雪兒是協助雲豪跟方羚夫婦的圓夢天使，事實上就是相互扶持的夥伴，沒有誰坐在輪椅上就比較弱勢，更沒有人誰騎單車比較慢就可以不等誰，即使四人一直都知道初衷，但卻也很容易忘記初衷。

「輪子出走」走一步算一步的行程，在臉書建立的粉絲團受到廣大的迴響，好友、家人看到報導後如雪片般捎來祝福，每個人都想要知道輪子出走的行程，甚至有許多粉絲朋友想要沿途陪騎，幫我們加油打氣，看到這些網路留言後，即使崩潰，也得到了莫大的安慰。

本來計畫第二天就要公布接下來所有行程，但發現四人騎行的速度比想像中慢太多，原本預計隊伍時速四十公里，但四個肉腳到最後只剩下時速十公里，加上輪椅族上廁所的時間都要比一般人平均多出五倍時間，需要以導尿的方式才能如廁，很難預估下一站會在哪裡，碰到坡道加上惡劣的氣候時，簡直是雪上加霜。

即使如此，颱風下雨都不能阻止前進的決心，既然都已經昭告天下，就不要偷偷摸摸回去搖著尾巴給別人看笑話，出發最艱難的就是踏出去這一步，那麼夢想這條路當然跪著都要走完。

才說完沒多久，四人轉身就睡得不醒人事，醒來苗栗的天空下起了陣雨，四人也忙著將行李用垃圾袋包起，緊接都是山路，叫人好不擔心，還好出發前雨停了，即使未來路途遙遠，卻也多了一點信心。

短短 5 公里，卻是如此遙遠

第二天行程從三義市區一路騎到勝興車站，導航顯示距離只有五公里，心想昨天近五十公里的騎行都已經穿越多少山洞，哪怕這區區五公里，只是沒想到這上上下下的鄉間小路沒有想像中簡單，時速瞬間從二十變成〇．五公里，苗栗山城的名號果然名不虛傳。

沿路似乎沒有平路，四人只能傻傻往前，有個好處就是我們都擁有無比的樂觀，碰到狗兒在一旁吠叫就快速經過，碰到碎石頭路就慢慢前進，或許因整趟行程沒有明確的計畫，磨難也特別多，好不容易翻山越嶺達勝興車站，但最大的磨難就在眼前，一個超陡的斜坡。

望著陡坡，你看我我看你，雪兒是絕對騎不上去，但還可以牽上去，問題出在另外兩個人的輪椅，即使方羚是電動車頭，也不見得有足夠馬力可以支撐上去。「上得去嗎？」雪兒絕望的看著其他人，阿帛搖搖頭。雲豪馬上說沒辦法，方羚也認真的說，「應該沒辦法！」一輛輛往勝興車站的轎車從身邊經過，我們在斜坡下垂頭喪氣，難道就不去了嗎？彼此一臉狐疑。大概僵持了一陣子，「不然我們先把單車牽上去，然後再把你們推上去。」阿帛提議。雪兒心想，原來路途不

看到報導的情侶好心停下來幫助我們

大愛臺記者大哥送的平安符

只是要扛輪椅，還要推輪椅上坡，不過眼前能做的就是互相扶持。

還好這趟旅行沒有非要抵達的景點，也知道問題絕對比想像中多，遇到問題就想辦法解決，結果雪兒跟阿帛剛把雲豪跟方羚推上去沒多久，一對騎著機車的情侶經過我們，還沒順過去又馬上迴轉，一臉狐疑的看著四人說：「你們該不會是剛剛在電視新聞上……環島的……？」還沒說完阿帛就氣喘吁吁回答：「沒錯。」沒想到這麼快就傳遍臺灣。

情侶兩人愣了一下，往後看再往前看，雪兒聳肩，「就我們四個，沒有其他人。哈哈！」情侶才發現原來這不是電視上的一場秀，眞的有四個瘋子正在用生命環島，急忙問，「那你們要幫忙嗎？」

我們看著他們，他們看著我們，好似眼神中傳達了一種善良的電波，雪兒迫不及待說「要！」因爲即使昨天已經打包了一堆沒有用的東西寄回機構，但身上的背包重量還是非常嚇人，於是就請這對情侶先將部分行李載到勝興車站，然後等會兒在車站會合，只是也不知道哪來的膽量，搞不好這對情侶就把行李載走，我們就會求助無門，不過都到了這個份上，也只能相信「人性本善」。

到了車站，情侶已經等待我們半個多鐘頭，許多人也因爲新聞效應來圍觀，幫方羚跟雲豪加油、拍照，原本四人想站在鐵道中間合影，記錄下這美好的風景，只是過程花的交通時間太多，已經有電視臺記者忙著打電話來問下一個點去哪，於是爲了趕路到下一個地點，最後在勝興車站前面的候車亭拍完後，四個人連中餐都沒吃就繼續騎往下一站臺中大甲，心想再怎樣，今天晚上都不能繼續延遲行程了。

沒想到困難又來了，從苗栗三義往臺中大甲的省道更是無限制上坡，手搖車跟電動車頭都有電輔助，單車騎行上坡卻費力，氣爆的雪兒只能邊騎邊說：「你們有電力，我有腳力！」電力是消耗電池，腳力卻是消耗體能，正當快要放棄時，終於看見下坡這道曙光。結果一路從苗栗滑行到了臺中大甲跟苗栗三義的交界處，大約數十分鐘都沒有停歇，雲豪的手搖車因爲無法長時間按壓煞車，突然彈開，在一個前不著村後不著店的交界處發生了悲劇，也讓四人擔心接下來該怎麼辦。

「那要怎麼辦？還可以繼續嗎？」雪兒問。

「怕前面還有下坡煞不住，就會仆街了。」雲豪試著修好煞車。

等候已久的東森新聞採訪

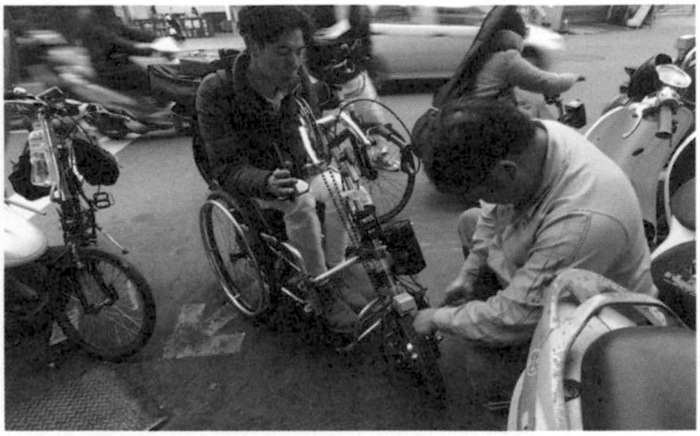
遇到驚險的大下坡，煞車線斷掉，只好到機車行求救

此時好心的大愛跟東森電視臺攝影跟拍大哥趕來，採訪結束後，還默默在我們後面跟車守候，並送了一串保平安的吊飾給我們，總算保佑我們在天黑之前騎到大甲鎮瀾宮，而中午沒吃的四人的肚子都快要餓扁了。

路途從開始到現在，談不上多順利，當發現當你用什麼角度去看這趟冒險，就會得到什麼樣的收穫，不看壞的，只看好的，雨停了，很珍惜，煞車壞了，就慢下來，最大的考驗其實是自己，過去了，別人再怎麼看壞我們也都沒關係。或許一開始連我們自己都不看好這場旅行，但隨著一路上遇到的磨難，屁股上眞實的痛楚，寒風中的刺痛，上坡爬不上去的疲憊，才發現原來最悲慘不過就是這樣。

不要想著完成旅途，能走下去就不要放棄任何一個可能，擁有信念，就是旅途中慢慢得到的勇氣。

全臺灣擋不了的善心

3/11 大甲鎮瀾宮 ▼ 東海大學 ▼ 臺中火車站

「好餓！」四個人的共同心聲，多想一到鎮瀾宮就往廟旁邊的攤販，先叫碗熱騰騰的湯、香噴噴的滷肉飯來吃！沒想到似乎有人知道我們要來，除了SNG記者的連線採訪，就連鎮瀾宮的工作人員也都一字排開，等著迎接輪子出走。

天啊！我們竟然變貴客了，前一秒還是著騎單車、推著輪椅的四個瘋子。鎮瀾宮的鄭副董事長為我們行燒香平安福儀式，輪子出走好像掉入愛麗絲的夢遊仙境，民眾一群又一群圍著我們看，本想趕快花個十幾分鐘就結束，看狀況只能拿出婚紗，當場整理儀容，在大甲鎮瀾宮前拍攝，即使肚子裡面的聲音有如打戰般轟隆轟隆作響。

記者採訪完，天色也漸漸漆黑，老天竟然不給面子下起了細雨，於是我們匆匆收拾行李，決定趕緊前往臺中市區，心想不能再耽誤行程，明天上午在東海大學還要接受一個網路媒體的採訪。

「什麼？你們真的要去市區？」一旁協助拍攝的鎮瀾宮工作人員一聽就覺得

不可思議。

「謝謝你們，我們還要趕路。」阿帛眼見天色漸暗，陰晴不定似乎快要下大雨，感覺再不走就走不了了。

「你們知道那段路不好走嗎？」

「拜託！我們今天都從三義騎過來了。」雪兒不以爲意。

「導航不是只有二十公里。應該四十分鐘吧！」阿帛說，雲豪跟方羚則在行程上完全配合。

「你們今天應該騎不到，有一個坡道。」

「那段路眞的太危險了，眞的不要去。」

「我去幫你們問問看可不可以住廟裡。」

「今天晚上就留在大甲吧！」

「你們這樣太危險了啦！」

一堆人你一言我一語，雪兒心想可以先解決肚子問題嗎？中午只吃了路邊的小吃，四人眞的都快要餓炸了，即使天氣入夜後開始冷到不像話。「先吃飯，廟裡的總務說要請你們吃飯！」這句話就像春雷一般打中四個人的心，對！吃飯皇帝大，什麼都可以不要想，但吃飯很重要。四個人猶如浪跡天涯的流浪漢，每個人眼見上菜後狼吞虎嚥、無法言語，大家也疲憊不堪，鎭瀾宮的廟方人員看見我們這樣，不禁擔心下雨的黑夜怎麼撐得過去，於是再次問四人要不要留在大甲，大夥面面相覷，其實每個人心想「留下啊！」但就是不敢勇於表達，直到阿帛說「好吧！」阿帛是這次輪子出走的最高指導官，有他開金口大家都鬆了一口氣，不過考慮到方羚跟雲豪無法爬樓梯，於是原本要入住的香客大樓改成大甲育幼院。

這天是出發後最冷的一晚，還好最終決定留在大甲，因為夜晚大雨開始狂瀉，似乎上天也有意留下我們，不讓這個最有事的環島隊伍繼續苦行，大甲鎮瀾宮的廟方還請來了貨車，先送方羚跟雲豪到育幼院，廟方人員則陪雪兒跟阿帛去最近的單車店檢查裝備，那一晚其實睡得很不安穩，總覺得再這樣無頭蒼蠅的旅行下去肯定掛掉，只不過才第二天，要不是大甲鎮瀾宮善心的協助，可能四人在大雨滂沱的省道上打了歸途的念頭，心想是不是該找人來幫忙了呢？不要再這麼逞強了呢！

也感念大甲媽祖廟方的熱情，雖然一路走來都感覺四人任性而為，但也是因為有這樣的堅持，感動了許多路過的民眾，像是在勝興車站幫我們載行李的情侶，幫我們寄送多餘物品回家的苗栗旅館，護送我們的記者大哥，外面冷內心卻溫熱著，好久已經沒有覺得社會如此溫情。

翌日一早，育幼院的工作人員幫四人準備早點，孩子們也在門口送我們一程。揮別了夜雨，天氣已經放晴，我們繼續騎行至臺中市區，原本以為應該中午就會抵達東海大學路思義教堂，結果沒想到原來臺灣大道七段到五段的距離，不是只有地圖上看起來的二十多公里，而是要越過一座大肚山如此遙遠的時光。

「加油！快到了好嗎？」阿帛很認眞的催促大家速度。

「眞的嗎？」雪兒看起來已經準備投降放棄。

「前面就過了山頭。」阿帛說得多認眞。

「眞的嗎？眞的嗎？」雪兒也很認眞的相信，直到過了一個坡才發現後面是無止盡的山坡，不禁發怒：「幹嘛騙人！」

「不騙你們怎麼叫你們前進？」

事實上騎行的過程笑料百出，畢竟每個人都是無敵的生手，扣除方羚使用電動車頭騎行外，其他三個人都必須靠眞功夫前進，阿帛的折疊汗馬，雪兒的無敵小折，雲豪的手搖車頭，有時候會一鼓作氣，有時候騎累了就下來用牽的，有時候彼此在比速度，感覺騎行的時間過得很快，那個當下往往是又崩潰又快樂。此時最痛苦的雪兒，因爲單車是小折，轉數碰到上坡就是死當的分數，雲豪的手搖車至少還有電力輔助，每一次的「快到了、下坡」都是說謊的悲劇，因爲之後總還有更長的上坡。或許吃苦當吃補，四個人往往就窩在加油站休息，不然就是衝去便利超商買香蕉，不停說起昨天的巧遇，感覺前兩天的風雨都已經過去，接下來應該會是好日子才對。

環島的路上有趣的事情總不只一兩件，還有一個背著虎爺的虔誠信眾沿路跟我們一起環島，只不過他是用徒步，我們是用單車跟輪椅騎行，照理來說應該只會在途中相遇一兩次，但由於沿路怠惰的關係，騎行沒幾分鐘四人就會在路邊喘氣休息，一路上和他重逢了數次，想想也覺得好笑。

從臺中港沿著臺灣大道前行，過了大肚山頂，沿著路下去馬上就到東海路思義教堂，已比預定晚了將近三小時，《單車時代》記者早已經在那等候多時，聊起這數天心得堪稱演了世紀災難片，卻也堅定了一路不回頭的信念，結束採訪之後四人就移師到教堂外的草皮上拍攝，這裡果然是婚紗首選地，黃色屋瓦落地的建築堪稱是臺灣最有特色的教堂之一，雖然不時天空飄起小雨卻也感到浪漫，只是想想前一晚是在古色古香的大甲鎮瀾宮前拍攝，這一東一西的宗教文化也完美融合關於愛情的包容與美好。

天公作美，拍攝結束才又下起細雨，一行人不想淋溼了行李，趕往預訂在臺中火車站附近的旅館，然後去臺中華納婚紗店租借之後要上南投清境農場的婚紗。說真的，剛開始阿帛叫雲豪去連絡婚紗廠商時，我們都心想，「婚紗業者怎麼可能免費租借給我們？」有種幫自己打臉的感覺，但隨著媒體曝光之後，之前連繫的婚紗公司都殷切回覆願意幫忙，果然很多事情真的是要嘗試之後才知道可不可以，如果當初一直都設想「不可能」，或許「輪子出走」現在就不會在這裡。

當初在設定婚紗拍攝地點時，海拔一七四八公尺的南投清境農場就是方羚首選，她告訴其他人，「受傷前就很想去清境農場，但每次都覺得下一次可以去，所以從來都沒有去過，自從受傷之後，很多事情都不敢想，因爲越想就會越悲傷，而且即使到了那應該也就是在車上觀望吧！似乎也無法用輪椅推進高低不平的草坪裡面。如果能眞的到那裡，坐在草坪上餵羊，那該是一個多美好的夢想。」聽在阿帛跟雪兒耳裡又是一陣心酸，原來常人一個簡單的旅行，對於脊髓損傷者卻可能是遙不可及的夢想，或許是這樣，阿帛就認爲其他的行程都可以砍掉，唯獨清境農場非去不可。

只是怎麼上去果眞是一個大問題，總不可能叫四個人騎著單車、推著輪椅慢慢上去，一個小坡道就讓四人傻了半天，或許光上去就要十天半個月。

於是到了旅館後，雪兒急忙跑去南投客運站詢問是否可以讓兩臺輪椅跟單車當行李上車，只見每個客運公司都搖頭；第一條路行不通，我們就開始想第二條路，先是連絡臺中市脊髓損傷者協會是否可以出借大型復康車，讓我們自行開車上去，結果協會回覆沒有堪用的車子可以租借，接著連絡臺中市政府是否可以從旁幫忙，結果電話那頭碰了軟釘子，整個部門就是轉接到我們都不知道是啥的單位去，感覺就快要到四處無門的狀況，雲豪小聲提議，「那請機構的人來載我們上去？」

沒想到阿帛一聽，馬上用力否決，「既然當初決定四個人靠自己的力量環島，怎麼又可以回過頭請機構的人協助，這樣大家都覺得我們碰到困難就找母機構幫忙，那幹嘛當初不設一個保姆車在旁邊三餐照料，你覺得這樣大家會感動嗎？」於是又陷入了愁雲慘霧，難道眞的要跳過清境農場嗎？方羚一臉失望。

「那可以請粉絲協助幫忙嗎？」出發前我們在臉書建置「輪子出走 Love Ring Taiwan」的粉絲頁，出發時已經累積了快五千多人的關注，心想既然不能叫公司或是身邊的朋友南下支援，那從粉絲頁徵求善心志工不也是一種方法？總比四個人在這裡瞎想好。阿帛也同意，認爲這樣也可以讓更多人參與我們的計畫，且透過這樣的參與，也讓更多人能夠明白這樣一步一腳印的希望，於是就在粉絲頁貼出徵求志工協助載我們到清境農場的訊息公告。

沒想到徵求勇士的訊息貼出不到十分鐘後，如雪花般的志願者就湧入了「輪子出走 Love Ring Taiwan」粉絲團，才發現原來有很多人持續在關注我們這趟旅行，聽聞需要志工載我們到南投清境，二話不說馬上趕來支援，甚至有人願意無償幫這對脊髓夫婦拍攝婚紗，及租借表演場地。

突然間有一種撥雲見日的感慨，四個悲慘的瘋子竟然變成網路當紅炸子雞，人人都要來幫助這隻很有事的環島隊伍，都捨不得讓我們這樣整天刮風日晒雨淋，期待我們可以順利完成環島拍婚紗的夢想，還有一隻攝影隊伍願意免費幫我們拍攝婚禮影片，甚至有人希望能跟著我們一起旅行。只不過翌日天氣仍處於溼冷，天公不作美的狀況下，志工邀請我們先去南投的「寶島時代村」拍攝，還請來專業的婚紗攝影爲這對新人梳化妝，此時阿帛跟雪兒突然像是放假，開心的不得了。結束之後再騎行到臺中都會區的新地標「臺中歌劇院」拍攝婚紗夜景，預定結束之後到附近的秋紅谷進行「輪子出走」第一次的街頭賣藝。

自臺中開始，有了熱情志工與粉絲的協助，減輕很多不必要的麻煩，只是回過頭想，「這眞的是我們要的環島嗎？」過程中雪兒跟阿帛一直困惑於拍攝輪椅夫妻婚紗跟受人幫助兩件事上，遲遲沒辦法找到答案。或許在旁人的眼裡，阿帛跟雪兒是協助雲豪跟方羚進行圓夢婚紗之旅的天使，也是這次計畫的幕後功臣，似乎沒有兩人就無法圓這對輪椅夫妻的夢想，但並不是如此。

事實上計畫的初衷，是要讓社會大眾看見脊髓損傷族群在受傷後獨立去追逐夢想，他們的努力會激發很多一樣在困境中的人們，如果這雲豪跟方羚都能克服這麼多阻礙相愛，又能用自己的力量去環島旅行拍婚紗，那麼爲什麼那些困在心魔的人還要在房間裡自怨自哀？

或許又是因爲雲豪跟方羚勇敢相愛的婚姻太令人感動，看在許多的志工眼裡萬般不捨，只想馬上伸出援手幫他們克服難關，殊不知道過多的幫助，卻阻礙兩人克服困難的決心。

「有志工幫忙不是很好嗎？如果接下來一直路上都志工幫忙就好了。」方羚心想，這樣雲豪就不會這麼累了，自己也不會這麼心疼。

「既然有人要幫忙，爲什麼要拒人於千里之外。之後都找志工好了。」雪兒心想，這樣似乎之後旅程也會走得比較順利。

「這些人無償幫助我們，眞的覺得超感動。」雲豪很感恩路上幫忙輪子出走的每個人。

「是啊！都叫志工來好了！最終大家看見的是脊髓損傷者無法自力逐夢，那回去之後這段旅程也不會帶給大家任何感動了。」阿帛止不住開始嘀咕。

關於請志工協助這件事情，從臺中開始了序曲，沒有人知道幾時才會落幕，一路上總有人告訴我們，因爲深受輪子出走的理念感動，希望能協助幫我們載行李或是看顧四人安全。聽到此番話，怎麼能不讓人感動到淚流滿面，沒想到一個輪椅環島計畫激起許多人的夢想，甚至開始行動，只不過依賴這些善心人士的幫助，也在四個人當中慢慢產生不同的效應。

或許正如大家對於身心障礙的態度無法馬上從同情到同理一樣，這是一趟漫長的學習路程。

想逐夢，最重要的事

3/12 臺中火車站 ▼ 南投寶島時代村 ▼ 臺中歌劇院

爲什麼你們不去募資平臺籌措旅費？爲什麼不發起「輪子出走」的勸募活動？像你們這麼有意義的活動，爲什麼不找一堆贊助商？

沒說出口的是，我們都是來自同一家機構；沒說出口的是，其中兩位成員平時就在負責機構募款；沒說出口的是，我們不希望這場冒險打的任何旗幟，有讓人覺得是場表演，爲什麼要出走？爲什麼要遠行？因爲就是要讓更多人看見脊髓損傷者不像你們刻板印象中這麼弱勢，只要坐在輪椅上的傷者有心，什麼地方都能去。

過程中沒有補給車，沒有保姆在旁邊偷偷準備扶起跌倒的傷友，更沒有人在入夜之後提供按摩或大餐，從出發到結束就只有我們，一開始就設定「輪子出走」必須用自己的力量想辦法籌措這趟環島的旅費。方羚會唱歌，雲豪會折氣球，雪兒會畫畫，阿帛會主持，那爲什麼不用我們所擁有的去感動大家，除了可以籌募旅費，又可以讓更多人看見我們。

寒流低溫、還開始下起毛毛雨

於是我們第一場的街頭賣藝決定在臺中的秋紅谷廣場，連場地都是熱心的粉絲幫忙連絡租借，在臺中歌劇院拍攝完婚紗外景後就直奔過去，只不過當晚異常寒冷，冷風透過大衣穿進骨子裡，方羚依舊穿少少的婚紗拍攝，雪兒發現方羚的神情不太對勁，兩眼無神，常處於放空的狀態，問方羚有沒有事，愛逞強的她總是一抹微笑說還好，結束當下往她額頭一摸，怎麼這麼燙？嚇壞在場所有人。

「取消表演嗎？」雪兒問阿帛。

「要直接送醫院嗎？」雲豪問。

「沒關係！我休息一下就好。」方羚紅著鼻子也不想看醫生，因爲她不想因爲生病打壞原本的行程，何況隔日還要上清境農場拍攝外景。

「先回旅館。」阿帛最後決定先把方羚送回旅館休息，然後再想辦法解決接下來的問題，總不能爲了這次環島旅行，把好好坐在輪椅上的人送進火坑，也答應過方羚的媽媽會好好照顧她的女兒，於是緊急敲敲門探視了方羚的狀況，心中盤算有必要就取消整個環島計畫。

只見躺在床上、眼眶紅紅的方羚，旁邊坐著安靜不語的雲豪，問了還好嗎？

只說吃了藥就好了吧，問了還要繼續環島下去嗎？又是一陣沉默。

「那就取消吧！」阿帛說了，活動是他提的，取消也可以由他決定。

「不要。」方羚拗氣的說。

「妳這樣還可以繼續環島嗎？」阿帛滿臉無奈。

「可以。」方羚不想放棄，她離南投的清境農場草地上的羊群這麼近了，也想去臺南四草生態園看臺灣的亞馬遜河，如果這次放棄，眞的不知道能不能靠自己的力量，再走一次這樣的旅途。

「不能拿妳的身體冒險。」雪兒說到了重點，旅途最可貴的其實是生命。

「那怎麼辦？」方羚想到自己的破身體爲什麼這時候偏偏來搗亂，不由得放聲大哭。

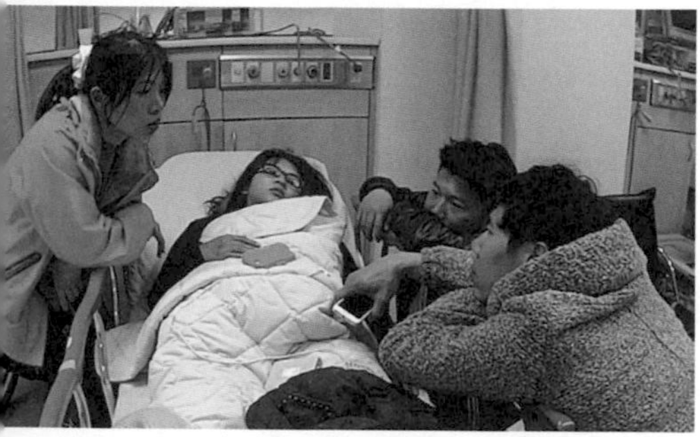
互相陪伴的輪子成員

四個人面面相覷了一陣，在旅館擁擠的小房間裡面都做不了決定，雲豪也贊成放棄旅程讓方羚回家休息，只有方羚堅持想繼續下去。

「那就去掛急診，讓醫生來評斷吧！」最後阿帛嘆氣說。

於是雪兒請了住在臺中的友人半夜開車把四個人送到附近醫院，一群人守候在急診室門口，誰也不知道最終結果是什麼，脊髓損傷者的感冒跟一般人不同，往往會引發尿道感染或其他病症，如果是細菌感染最少就是住院七天，必須用病毒培養後才能讓傷友從病毒感染中康復。

深夜的急診室，外面冷風呼嘯到令人寒心，漫長又間熬的等待，時間彷彿凍結，三人緊握方羚的手禱告，旅程才剛開始，也遇到了許多磨難，多不甘心就這樣結束。或許老天聽到祈求，或許是有大甲媽祖的庇佑，兩小時後醫生慢慢從病房走出來，宣布只要多休息喝水就可以繼續旅行，並叮嚀我們要隨時注意方羚的身體狀況，有問題要馬上回到醫院。

此時雪兒想到之前問方羚的那個蠢問題，外面天氣很冷，方羚總是只穿短裙，「難道不會冷嗎？」方羚笑說妳打我的腳都不會痛，何況冷，後來才知道脊髓損傷者除了下半身癱瘓無法動彈外，連帶知覺、痛覺都不會有，儘管外面氣溫已經寒冷到每個人都受不了，但傷友的下半身依舊不會有任何感覺。或許是這樣，許多脊髓損傷者就誤以為自己身體是鐵打的，身體不告訴你的感覺，不代表它能夠承受這樣的對待，完成夢想的確需要勇氣，但更需要真正的健康，沒有非走不了的冒險，也沒有坐在輪椅上就不能完成的夢想，絕對的條件是擁有健康的身體。

每一個挫折跟打擊，都豐富了旅程本身，真心面對眼前關卡，才能學會海闊天空。

清境草原，今天離夢想最近！

3/13

臺中火車站▼南投清境農場▼南投老英格蘭旅館▼彰化市

有了醫生的囑咐，其他三人面對方羚的身體狀況更是小心翼翼，實在不想在環島的過程中搞出人命，脊髓損傷者的生命眞的很無常，常常在機構工作，有受訓的學員說要回醫院復診一週，晚點就回來跟大家一起繼續努力奮鬥，但是不到幾天就傳來噩耗，再也看不到人了。

「不是前一個禮拜才好好的嗎？」每次都這樣問，但每回的答案都很心碎，或許是細菌感染，或許是突然敗血，總有好幾萬個離開的理由，卻沒有一個方法可以讓他繼續活在世上。而脊髓損傷者的壽命也比平均一般人還要來得低，很多人往往不到退休年齡就已經逝去。

或許是這樣的原因，讓雪兒跟阿帛更決心要讓這一對夫妻踏上清境農場圓夢、拍婚紗，你永遠都不知道明天長什麼模樣，也不會知道下一秒地震或是風災會奪走你的家庭，也不知道一場車禍或是從樓梯跌下來就會變成脊髓損傷，但能擁有的就是當下，既然有了夢，爲什麼不趁著「可以」的時光去追尋，即使不可以，

老英格蘭莊園

也一定有方法讓它可行。

一早志工就在飯店前集合，來載我們的是臺中「愛玩客」車隊的紅毛大哥，除此之外他們還幫我們請了隨行的新娘祕書以及攝影大哥，讓阿帛跟雪兒瞬間變成了路人，也讓平常勞累的兩人藉此輕鬆許多，只是清境農場並不是輪椅可以輕易來到的地方，尤其是滿滿羊群的山坡可是沒有無障礙坡道，只有無止盡的階梯。

好在愛玩客號召許多志工，大夥輪流把方羚連人帶輪椅抬到農場上坡草地的平臺，原本每個人都很擔心方羚的身體狀況，畢竟昨天人才進了急診室，生了一場重感冒，都不敢輕忽接下來會發生什麼壞事，只是當方羚看見滿山的羊群，整個人似乎從病懨懨的狀態馬上變得異常興奮，對她來說這是夢寐以求的仙境啊！自從受傷之後好多地方都不能去，也不敢去，也沒想能夠去。但竟然可以因爲這次出走完成了內心期待已久的夢想，怎麼不叫她激動。羊兒圍在她身邊，雲豪把手放在她的手上，兩個人握著彼此的手，眼睛深情看著對方，怎麼覺得好像戀愛了好幾年，結婚了數十年呢？從來沒想過會是他，卻在半年後成爲他的妻子，然後藉由這次旅行來到雲裡面的仙境，方羚想著即使明天就結束旅程，也都沒有遺憾了。

輪子出走上清境了

這一天也是輪子出走旅行多日以來，太陽露出笑容的第一天，從第一天的寒流，第二天的細雨，第三天的大雨，到清境高山上無瑕的藍天，高山的天空湛藍更把陽光襯托更加暖心，把每個人都照耀得溫暖無比，感覺災難已經結束，接下去的旅程就會順利。

結束之後志工歐姐推薦清境農場附近的老英格蘭莊園，在這裡婚紗攝影場地租借都必須事前預約，而且所費不貲，但莊園經理一聽到雲豪與方羚的故事，馬上無償提供拍攝，甚至當起莊園導覽，最終兩人彷彿穿越時空來到英國深山裡的莊園，一個化身英倫紳士，一個是優雅的公主，所有幸福都在這裡凝結，說眞的，從來沒有想過這麼多好事會降臨在輪子出走上，也從來沒想過一路上有這麼多人提供無償的幫助。僅僅想讓大家看見輪椅族追逐夢想的決心，卻逐漸演變成臺灣最勵志動人的愛情故事，每個人都關注著方羚跟雲豪兩個人怎麼完成夢想，甚至不遠千里而來一起同行。

眞的不要害怕追逐夢想，當你站在夢想的路上，就會有人努力追逐你的光，因爲能夠接近這道光，也能讓自己感覺人生是美好的。而自己也會更相信生命應該是有價值的，而並非庸庸碌碌完成別人的夢想，或是成爲生活的機器。

生命是短暫的，你永遠不知道下一秒會發生什麼事情，只有在短暫的生命裡面創造出精采的人生，才不愧於生命賦予我們的價值。

街頭表演初登場

3/14

彰化市▼扇形車站▼田尾公路花園▼西螺大橋▼雲林

此時「輪子出走 Love Ring Taiwan」臉書粉絲頁，傳來一封來自萬里夫妻的訊息，他們兩人一直很想環島旅行，但遲遲無法放下手中工作，因深受「輪子出走」新聞的感動，而希望能有機會跟我們從彰化一路環島回萬里。收到這樣的訊息四人都驚喜萬分，於是詢問眾人意見，這對夫妻丈夫從事美髮，妻子從事化妝，正好省去方羚拍照時的妝髮煩惱，加上從楊梅出發至今大家都已經累壞了，回想在臺中尋找志工那樣勞師動眾的場景，也想找能夠一直配合的志工，因此連絡之後我們就在彰化準備碰面，開始接續的旅程。

只不過阿帛還是希望保有「輪子出走」冒險的精神，希望旅行的過程還是以四人爲主，於是大部分時間我們都是跟志工夫妻晚上約在旅館碰面，或是相約在某個地方，第一站是彰化田尾的公路花園，也是輪子出走第一次街頭賣藝的地方。

說起來很好笑，從彰化市至田尾公路花園這一段，不知道爲什麼沿路越來越多人陪騎，有些是單車，有些是機車，許多人都在打聽我們的行程，希望能到場

方羚自彈自唱，雲豪折造型氣球

幫我們加油，讓接續的旅程一點都不寂寞，還有志工朋友直接幫我們打電話給田尾鄉公所，詢問是否可以免費租借田尾公路花園讓我們街頭義賣，結果得到鄉公所首肯，於是終於打開了笨重的隨身卡拉OK伴唱機，方羚把心愛的紫色吉他抱在胸前，說眞的四個人從來都沒有街頭賣藝的經驗，只是有一種路途會讓你慢慢站在發光的舞臺上，即使害怕也不想錯過一絲被光照射的機會。

「大家好！我們是輪子出走。我們來自桃園，從三月初開始出發，經過苗栗、臺中、南投來到彰化，或許你們從電視上看過我們，或許你們會覺得那是假的新聞，但是我們眞眞實實站在你們面前。想要唱歌給你們聽，折氣球給小朋友，希望可以藉此籌措接下來的旅費，請大家不吝嗇捐出你們的愛心。」雪兒義不容辭的當起了主持人，講起了這段旅程的來源。

方羚一開頭唱了最早新聞受訪時的部落歌曲〈愛人不要多〉，然後再唱了好幾首自己喜歡的老歌。「大家好！我是方羚，很抱歉我只能帶來幾首歌曲，曾經我是一個很愛唱歌的布農族女孩，但是受傷之後連帶丹田也受損，無法用腹部以下的力量唱歌，導致很多高音都唱不上去。

曾經我對此非常沮喪，總是在意高音上不去，不再像過去一樣可以一次唱好幾個鐘頭的歌，每次別人要遞給我麥克風時我都只好婉拒，其實我是拒絕了當下受傷的自己，也拒絕了任何更好的可能。直到我慢慢接觸吉他，重新開始唱歌，簡單的旋律唱起歌就能快樂，才發現不需要非像過去一樣唱得這麼完美才叫唱歌，不需要每個高音都要到對的位置，只要能唱歌給自己跟別人聽，就是一件令人開心的事情。」方羚在中場跟觀眾聊起了一些自己的故事，也說了這幾天環島的故事，甚至介紹起了旁邊正在折氣球的雲豪。

「嗨各位，旁邊這位是我的老公，雲豪！事實上我們在交往兩個月後就公證結婚，現在結婚不到半年。哈哈！這是眞的。所以我們沒有婚禮，也沒有婚紗，或許你們會問爲什麼我們會這麼倉促結婚，其實是他爲了幫我圓夢，讓我在受傷的那一天結婚。」方羚娓娓道來兩人相愛的故事，那一段靠衝動跟理想開始的婚姻，或許很多人一直盤旋在原地找不到人生的答案，活在低潮中，但再慘都不像方羚跟雲豪一樣，此生都要依賴輪椅，無法正常走路，但即使身體終生受傷，卻無法阻止兩個人相愛一輩子的決定。

「其實很多人都以爲我們背後有補給車，也很多人都認爲這一對脊髓夫妻在作秀，受傷就應該好好在家裡讓家人照顧，怎麼還出來做這麼危險的活動。但是這幾天從桃園下來，在他們身邊的只有我跟另外一位男生，我倆也沒有開車，就是騎著單車一起幫他們完成夢想。用這樣的方式環島不是自我受虐，是想讓更多的臺灣人看見，這對夫妻克服了身體的障礙，克服了路途的障礙，克服了天氣的障礙，就推著輪椅在經過你們家面前。是的，沒有前導車，也沒有醫護車，更沒有專人開道，就像一般人一樣，只是想爲自己做一件勇敢的事，就爲了讓夢想被更多人看見，努力走出屬於自己人生精采的道路。」雪兒一點一滴說出旅行的初衷，與看見的渴望。

原本以爲應該沒有多少人會贊助旅費，或許就是來幫我們加油打氣，結果一場街頭義賣下來，用臨時帽子當做的小費箱滿到都要溢出來了，也有人當場哭了！然後手握著方羚跟雲豪兩人，紛紛與這對夫妻加油合影留念。其中最大的資助團是阿帛彰化親友團，阿帛的阿姨是「輪子出走」的資深粉絲，一路隨車幫四人加油，甚至要求阿帛的父親提早到田尾把我們四人接到雲林，以免省去勞碌奔波，只可惜被阿帛否決。

講眞的，從來沒想過這些計畫會在路途中一一實現，出發前對所有問題的質疑都能在旅程中一一解決，有些事情不去做，你永遠不知道自己可不可以，不管你身上有多少殘缺，心中有多少遺憾，如果你不肯爲自己開一扇窗戶，就永遠不會知道窗戶外面的風景會有多美麗或是殘酷。

在雲林，看見落地生根

3/15

雲林斗六 ▼ 崙背鄉拜訪種菜傷友李建興 ▼ 古坑綠色隧道

此番環島旅行還有另外一個任務，就是拜訪過去曾參與機構重建訓練的脊髓損傷者，了解他們離開機構後的生活狀況。第一位拜訪的是在雲林崙背鄉農田種菜的李建興先生，號稱「種菜輪椅」，不把自身的殘疾當做依賴家人的理由，即使無法正常下田工作，也憑藉雙手一把一把的挑菜，協助家人，撫養三個女兒長大成人。

聽建興大哥夫妻分享他們的故事

採訪李建興大哥前，「輪子出走」一直在崙背鄉的田間迷路，這裡大部分的房屋都是平底屋，每間屋子旁邊四處都是田地或是菜園，光看門牌號碼眞的很難找到要去的住宅，還靠著附近認識的朋友來接應，才找到位置。走進磚瓦房，就是多年前的農家自用住宅，仍保有過去雲林鄉下農家的特色，由於建興大哥只能依賴輪椅生活，鄉下的房舍部分都已經改成無障礙設施，好讓輪椅通過。我們與建興大哥就在大廳聊起當年受傷的經過，跟歸來的這段時光，和面臨的困境，以及回到家幫忙種菜的契機。

建興大哥並不是因爲任何突發意外導致脊髓損傷，他一直都以務農維生，只是有一天突然感覺身體不舒服去附近的醫院看醫生，沒想到這一進去就被宣告身體發生嚴重的病變，不明就裡轉眼就送入加護病房，人生瞬間從彩色變成黑白。「怎麼會這樣？」建興大哥不明白老天到底在跟他開什麼玩笑，原本以爲只是小病，怎麼醫生就突然讓他轉進開刀房，連絡所有親友，突然間壯碩的身體插滿了各式各樣的管子，而自己也只能依賴呼吸器維生，親友都在外面哭泣，好像自己隨時都會離開人世。

這場意外來得非常突然，建興大哥活生生一腳就踏入了鬼門關，莫名其妙在跟死神搏鬥，但或許命不該絕，醫生在鬼門關前幫他撿回一條命，卻從此變成半身不遂的脊髓損傷者，是一輩子只能依賴輪椅的殘障人士，整個家庭也因此陷入了愁雲慘霧。

三個還在念書的孩子該怎麼辦呢？家裡的支柱就這樣倒下，是不是整個家也一起垮了呢？

建興大哥在出院後一直遲遲不願意面對現況，想著怎麼老天爺那時候不連命一同拿去，留下這個

在古坑綠色隧道展開第二場街頭表演

充滿缺憾的身體，好幾次都有了自殺的念頭，但孩子尚年幼還需要父親，怎麼能捨得離開自己的親人跟妻子呢？況且上還有母親，實在無法就這樣撇下家人不管，卻也找不回生活的動力。

自暴自棄了一段時光後，經朋友介紹到脊髓損傷潛能發展中心進行生活重建，在機構裡面認識很多來自臺灣各地的脊髓損傷患者，也慢慢找回生活的自信，回到家之後雖然無法再下田工作，但是靠著一雙手也能幫忙挑菜、撿菜、分類，多少也能協助一直在旁邊照料自己的妻子，慢慢地，那些紛擾的日子也走回了正常的軌道，或許很多路是走不回去，但是能有路就不要放棄。

建興大哥其實一直都很靦腆，跟我們最聊得來的還是他的妻子洪姨，講起一路以來的扶持，也默默看得來出另外一半的堅持跟努力，如果當初她也放棄了，或許孩子就沒有了父親，也沒有了完整的家庭，走過這樣的風風雨雨，才明白幸福原來如此踏實。

雪兒跟阿帛在機構工作這麼多年，聽聞許多傷者的經歷，每一個輪椅族的背後都有一段很長的故事，就現實角度來說，誰願意耗盡一生照顧一個殘疾的病人？只有眞愛才能放下心中的藩籬，相處的過程豈能如意，卻在低潮中彼此鼓勵，找回活著的勇氣，此時看著建興大哥一家人在此能安居樂業，何嘗不也是一種幸福。

或許受傷都不是出於自願，也無法再去追求傷前的夢想，但是如果不選擇面對事實，那麼你永遠都走不出去，追尋更好的人生。

離開前，雪兒偶然看見農舍屋瓦上直直往天空上的陰影，一個好奇就問洪姨：「那個屋瓦上彎彎曲曲的植物是什麼啊？」洪姨笑著說，「那種植物就叫做落地生根。在很久遠的時候就寄生在屋瓦上，別看它們枯黃，事實上都是有生命的植物，即使沒有充分的土壤跟水分，還是努力的向上找尋陽光。」

那已經是結束訪談後的對話，我們看著洪姨，還有她身邊已坐在輪椅數十年的丈夫，心想或許要珍惜現在眼下的一切，沒有任何幸福是平白而來，但是只要能活著就應該努力往光的方向走去。

建興大哥從病變後，就與妻子相依相存，共同養育三個女兒，住在矮小的老宅裡，或許日子談不上錦衣玉食，但卻很知足，不也是另類的落地生根嗎？

最遙遠的距離

3/16 雲林斗六▼嘉義市檜意森活村▼嘉義市中正公園

3/17 嘉義市▼臺南市

從一開始的受盡折磨，一週後雙腳已經慢慢習慣每天數十小時的單車騎行，雲豪也抓到控制手搖車前進的要領，這隻最有事的環島隊伍，從最初的哀聲嘆氣到認命往前衝，從慌亂拍婚紗的手忙腳亂到依序幫新娘梳妝，淡定又快速的將婚紗套進方羚的身上，雲豪也漸漸會擺出各式各樣的姿勢，並更加細心呵護方羚的安危，阿帛也很盡力的找到最好的拍攝場景，雪兒則不停的側拍跟文字記錄。

出發前，說彼此各懷鬼胎也不為過，一對新婚沒多久的脊髓損傷夫婦，一個體能差到極致的胖子，一個整天提心吊膽的熟齡女，加上身邊所有人的不看好，每個人都有半途而廢的想法。當已經認命走在這路上，那些想像過不去的關卡事實上並沒有如此困難，牙一咬，往往就撐了過去，頂多放棄下一個行程，繞路也是另外一種風景。

揮別了彰化及雲林那些沿路善心又幫忙的民眾，從斗六一路騎行到嘉義又是一段漫長的路途，但有了之前悲慘的遭遇，好像再大磨難都能過去，突然間有人傳訊息問我們：「到嘉義要住哪裡？」說眞的已經養成了隨遇而安的狀態，有人願意提供，「輪子出走」就會前往，當這位青年邀請我們去他家住時，完全不猶豫，所以今晚落腳處是一個陌生朋友的家，他無償提供自家一樓說要打地鋪給我們歇息，心想天下沒有比免費的午餐來得香，能用最少的金錢完成這段旅程，一直也是我們的期望。

連絡好了屋主，準備好「輪子出走」第一次沙發衝浪（Couchsurfing）*，既緊張又害怕，畢竟輪椅族的旅行不像一般人簡單，背包裡除了一般換洗衣服外，還需要自備尿布、浣腸以及保潔墊，你一定會問爲什麼要帶這些東西？這其實就像帶嬰兒出去旅行，嬰兒不會自己排泄或上廁所，脊髓損傷者也是如此。脊髓損傷者上廁所的時間是一般人的數倍，首先必須導尿，或者藉由浣腸讓身體順利排出排泄物，但無奈的是，許多旅館的廁所都設計成有階梯或是門口狹小，讓輪椅族無法入內洗澡或是排泄，只能在床上靠保潔墊清理自身排泄物。不過這趟旅行卻也發現了一件驚人的事實，那就是全臺灣的加油站，幾乎都設有無障礙廁所，於是每次經過加油站我們都會互相詢問：「要上廁所嗎？」畢竟機會難得。

在來到嘉義著名景點「檜意森活村」拍攝婚紗的路上，臺灣最大的輪椅公司康揚行動輔具的副總，主動與我們連繫關於嘉義的行程，一聽到我們到嘉義後要去網友家打地鋪就覺得不捨，安排當地旅館，也準備了維修車要來幫夫妻檢查輪椅，到了旅館之後一開門是精心布置的床鋪，方羚跟雲豪當下都非常感動。

很多事情都是在跨出那一步之後才會慢慢收到善意的回應，如果沒有堅持下去走完這趟旅途，或許就不能遇到這麼多有趣的人事物，好笑的是我們常常都會在等紅燈的路途中跟旁邊騎行的阿伯、阿婆聊天，他們最喜歡說的一句話是：「什麼！騎輪椅環島喔？」然後雲豪就會開始解釋這趟旅程的由來，並告訴他們什麼是脊髓損傷，甚至還有阿伯聽完之後，馬上從口袋裡面掏出一千元，豪氣地說：「這給你們當旅費啦！」我們馬上說：「沒有關係！」然後方羚就笑嘻嘻得收下來。

雖然最終無法記住那些陌生人的臉，但人絕對是這趟旅途中最美好的風景，尤其是熱情在路上招呼我們的每一個人，還有搖下車窗跟我們吶喊著：「GO！GO！加油。」的你們。

最令人感動的，莫過於在「檜意森活村」拍攝婚紗時，一個拄著拐杖的女生默默拿著點心來探班，結束婚紗攝影之後，她將自己的故事告訴雲豪，「曾經我的夢想就是去環遊世界，但是幾年前車禍受傷，造成我的腿無法正常行走，你知道連走出家門口都不容易，我怎麼敢妄想去做夢，於是只好把夢想鎖在櫃子裡面，心想回不到從前，一直過得很不開心。

無意中發現你們的新聞，然後就點入你們的粉絲頁，好奇爲什麼坐在輪椅上的兩個人都能無懼障礙環島旅行，然後很喜歡粉絲頁上你們展現出來的快樂笑容，這對我來說眞的是一個很大的震撼。你們的身體狀況比我糟糕太多了，甚至只能依靠輪椅，再看看自己的殘缺，只不過走路比一般人還要慢一些，你們可以靠著意志去任何地方，而我把自己限制住在殘廢的腳上，哪裡都不能去。看見你們好像狠狠得打了懦弱一巴掌，讓我重新燃起作夢的希望。」

是啊！如果坐在輪椅上的雲豪可以，坐在輪椅上的方羚可以，爲什麼只是行走不便卻畫地自限呢？事後雲豪告訴其他夥伴這個女孩的故事，每個人都感到一陣暖心，因爲這就是我們出走眞正的意義，帶給別人追夢的希望，還有相愛的勇氣。那一天晚上我們也在嘉義的中正公園，一個吉他、一個伴唱機就開始街頭賣藝，越簡單越是能打動人心，雖然只有短短的三十分鐘，卻有不少人特地前來打氣，更是要告訴我們「堅持」下去，不要害怕後果，會有很多人舉起雙手撐住大家的夢想，因爲輪子出走的夢想已經不是一般的夢想，而是能帶給人希望的夢想。

當然這樣帶給別人希望的計畫，也來自我們辛苦的騎行，而旅程最痛苦的莫過於「移動」。這根本就是勞心、勞力、勞累的瘋狂，離開嘉義的挑戰就是直奔臺南八十公里遠距離，也是目前爲止移動最長的公里數，或許對很多單車環島的人來說只是簡單的路途，但是對於兩臺輪椅跟兩臺單車生手，眞是天大的折磨。

文化路旁的公園來了不少支持輪子出走的粉絲

抵達民雄，熱情的粉絲來跟我們會合

外面是攝氏三十四度，路途沿著臺一線一路往下，說眞的也找不到更好的路線，沿途有許多車經過按喇叭，也有車子搖下車窗比讚喊著加油，當天中午還有空襲警報，常常在想爲什麼要去做這種吃力不討好的事情，人生沒必要把自己搞到如此崩潰，但路已經走一半，不走嗎？硬著頭皮也要往前騎。

途中，肚子餓了我們就在包子店前隨便買些東西果腹，還有變態曾經在雪兒單車後面騎車尾隨，也有好心的騎士一同陪騎。就在抵達臺南後，經過縣道旁一個檳榔攤時，突然間雲豪的輪椅被前面數個女子擋住。「你們等一下、等一下！」我們都在想是發生什麼事情，碰到什麼麻煩了嗎？結果車子裡面走下兩個中年婦女，馬上說，「我在電視上看過你們，可不可以合照一張！」瞬間讓我們緊張的情緒大爲放鬆，結束之後還買飲料請我們喝，說「你們要加油喔！我會支持你們的啦！」

說眞的，雖然漫長、遙遠的路程看起來很痛苦，

看到報導，特地從萬里趕下來幫新娘子梳化妝的熱血夫妻

邊走邊騎，當夕陽搖掛在遠方的海面上，你又會覺得人生此刻能在這裡有一段旅行眞好，能遇到這些陌生大叔大嬸眞好，或許這就是所謂輪椅上的風景，即使不知道最終推著輪椅能走多遠，但能出走就是一件好事情。

每一個關卡的突破都在告訴自己，夢想，永遠用想的比較難！當你認眞去做時，一點都不難。

＊沙發衝浪：最早的意思是客人來家裡借宿，沒床就睡沙發吧！現在的沙發衝浪，物質條件不一定那麼差，但是衝浪者還是要自備睡袋，畢竟接待你的可能是地板、或是沙發，不會是專業寄宿處。

熱情的臺南人啊！

3/18 臺南市 ▼ 四草綠色隧道 ▼ 夕遊出張所 ▼ 安平樹屋 ▼ 臺南市文化中心

3/19 臺南市 ▼ 奇美博物館 ▼ 高雄市

南部，天氣熱到彷彿人們的熱情般無法擋，到嘉義時氣溫甚至飆升至攝氏三十四度，四個人就快要被太陽烤暈，煩人的是若中午還沒趕到休息站，我們就必須在路邊罰站一個小時，等待空襲警報演習，重點是晚上的住宿甚至都還沒著落，不過心境已經沒有剛出發時那種事事著急的焦慮，雖然能不能騎到臺南都還是一個問題，但船到橋頭自然直，好運總是能在我們煩惱之前就來敲門。

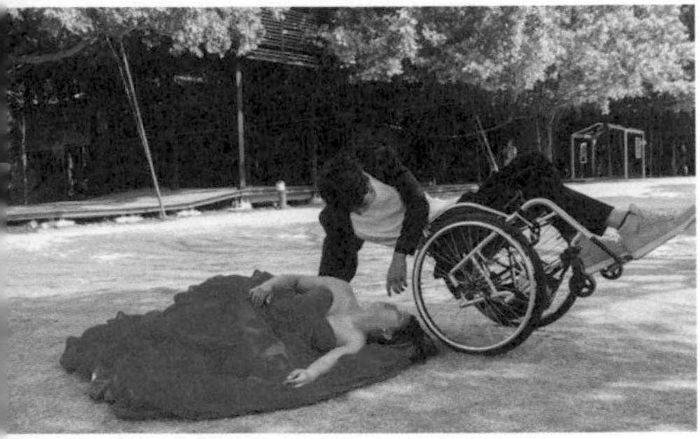

由於康揚輪椅公司的牽線，臺南市政府得知輪子出走環島拍婚紗的故事後，馬上來電詢問能否提供協助，於是很幸運的有了今晚的住宿，每一次路途中善

風吹過彼此的身體，不說話卻有一種默契

心的幫助，就當上天派了天使拯救瀕臨崩潰的「輪子出走」，怎麼能不讓人感激到痛哭流涕，甚至安排晚上表演活動的場地，就像是回到自己的家一樣，這裡充滿溫情。

早上從嘉義出發，到了臺南市中心早已經是晚上九點，十多個小時的騎行揮發了多少汗水，還記得跨越到臺南市的大橋後那份感動，我們辦到了，也做到了，頂著大太陽就這樣一路傻傻前進，臺南市政府的承辦人員也在等待我們，感覺有種王者歸來的驕傲，只是太過疲憊，一進旅館就不省人事。翌日，不到天亮就清醒，身體的疲憊只能等到計畫結束之後再行調養，因為一早要騎行到號稱臺灣亞馬遜河，安平四草大眾廟附近的「綠色生態隧道」，這段不到兩百公尺的水道旁分布著三種紅樹林植物，竹筏置身其中彷彿穿越到南美洲亞馬遜河，是臺灣特有的祕境風景。

原本還擔心輪椅無法上竹筏拍攝，結果社區理事長一聽到是「輪子出走」，馬上大方出借竹筏，在志工的協助下，方羚穿上美美的大紅婚紗登上這臺灣的祕密景點，沒想到我們竟然一一解決了問題，在臺灣最美的綠色生態隧道拍下方羚跟雲豪兩人的愛情見證。方羚內心有著說不出的感動，旅途的過程中或許有辛酸，剛開始也覺得會給其他人帶來非常多的困擾，包括上廁所或是移動，總是要不停的麻煩夥伴，卻又不想麻煩別人，曾經也一度想要打退堂鼓，但是隨著輪椅眞實得走在夢想這條道路上，來到了那些過去從未想過踏上的地方，包括清境、包括現在，何德何能擁有如此幸運。

之後行經臺南安平樹屋，在老舊的房子讓兩個人許下愛的誓言，最終四人躺在樹屋旁的草皮，一動也不動，就讓風吹過彼此的身體，不說話卻有一種默契，或許這是四人一輩子最累的旅行，也絕對是印象最深刻的旅行，每一個縣市都選個景點拍照婚紗，每一個角度都有愛情的印記，每一個停留都是逗點，每一步前進都是爲了實現夢想。

沿路有著非常多善良的人們幫我們開導路線，甚至有志工一直隨行協助拍攝，深深明白臺灣最美的風景是人！即使面對的困境還是很多，面對接下來的路途也只能且戰且走，無法事前安排好所有街頭賣藝的場地或是拍攝的場景，但總有貴人會伸出雙手。夜晚我們一路從勞工育樂中心騎行至臺南市文化中心，這是臨時在粉絲專頁上告知的決定，原本以爲不會有太多人參加，沒想到許多脊髓損傷的朋友一同互相串連，說要來給四人加油，他們說看見我們，彷彿看見了他們的希望，因爲我們，也希望有一天讓自己勇敢去追逐夢想。

這是輪子出走的第三場街頭賣藝，有專業的舞臺、專業的音響，能在短短不

聚集的人潮越來越多了

到十天創造出這樣的環島奇蹟，方羚在臺上落淚了，雲豪也是，放在舞臺前的紙袋塞著滿滿的現金，那都是每個到場的人最眞摯的祝福。還記得剛開始阿帛提議要大家街頭賣藝，另外三個人都認爲怎麼可能？平常毫無舞臺經驗，打死也不想上臺，但隨著臺下人的鼓掌，夥伴彼此的鼓勵，才發現眞的做到了那些曾經跨不出去的心魔，做回快樂的自己，即使沒辦法像過去一樣聲音高亢，卻能因爲人生最谷底的挫折，找到屬於適合自己的聲線，還有歌唱的方式。

「你們眞的很棒！」表演三十分鐘結束了活動，同是輪椅族頸髓損傷者的阿奇如此說，他從臺南善化專程趕來看演出。

「你們讓我覺得自己很不寂寞，現在我每天都很關注你們的動態。」已經從中心回家的阿寒興奮得告訴我們，他是輪子出走的忠實粉絲。

「你們眞的好棒！我好怕你們在路上會發生意外。」一個阿姨帶著孩子來看我們，不小心哭得滿臉都是淚痕。

「你們讓我看見不一樣的人生方向。」一個也坐在輪椅上的女孩說。

原本以爲不會有很多人來聽我們唱歌，畢竟我們也只是一組素人，站在臺上

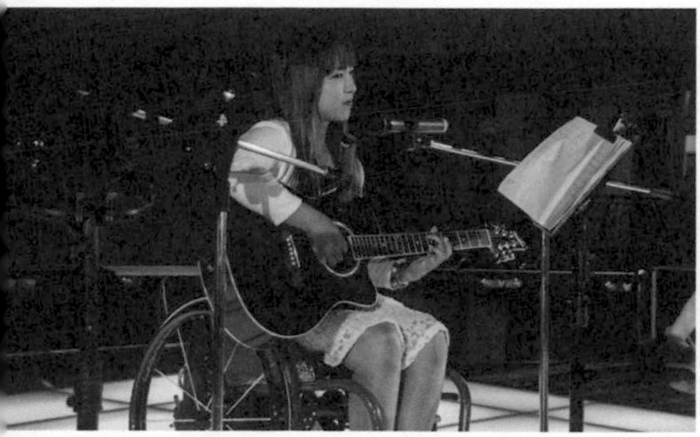

夢想的舞臺讓方羚滿心感動

表演還沒開始，雲豪就已經吸引不少小朋友了

也不過三十分鐘，但隨著時間慢慢聚集了滿滿的人潮，發現曾幾何時臺灣的人開始關心坐輪椅的族群，曾幾何時，也有一股勇氣告訴這群坐在輪椅上的朋友，「你不孤單，你不弱勢，只要想要飛翔，就幫自己裝上一雙翅膀！」

一段出走，感動了許多無法出走的人。爲什麼出走，爲什麼旅行，爲什麼結婚，爲什麼要站在這裡，不只是圓自己的夢，更希望大家能走出不快樂的舒適圈，去圓屬於你們的夢。或許半身不遂在別人眼中看起來是如此的不幸，讓人只想躲在小房間裡度過下半輩子餘生，但經過這趟旅行，輪椅族也能用驕傲的姿態站在眾人的面前訴說過往的傷痛，亦是人生中一場意外的收穫。

慢慢走，雖然不知道前方風景會長什麼模樣，但每一個人善意的微笑，都是旅途中最棒的禮物。

互相守護的愛情

3/20

高雄市▼拜訪傷友董茲正夫婦▼駁二特區▼新光三越

這趟環島旅行計畫得來不易，以輪椅方式環島拍攝婚紗也算創舉，除此之外，就是要找尋之前曾在桃園脊髓損傷潛能發展中心進行重建的傷友前輩，他們都在離開中心後，回到自己的故鄉發光發熱，當中最令人期待的就是高雄董茲正夫婦，因爲這兩夫婦同時都是坐在輪椅上的脊髓損傷者，他們愛情故事也令人感動。

多年前，董哥因爲車禍變成頸髓癱瘓患者，受傷的那一刹那眞覺得世界爲何要如此對他，但仍打起精神尋找人生的下一站，因緣際會來到中心的八德訓練場受訓，那時候桃園潛能發展中心才剛開始沒多久，但在這裡學會了自立生活，還習得了一技之長：網頁設計，那時候還是個網路尚未普及的年代，一切都很新鮮。

結束課程回到高雄，萬事起頭難，憑著一股勇氣開設網頁設計公司，一切都是從不會到會，不斷被客戶打槍，卻又從失敗中學起教訓，慢慢的也在這片領域開花結果，常常靠著電子郵件跟客戶認眞的溝通拿到了案子，最後與客戶實際見面後，對方才發現原來我一直都在跟一個身心障礙者的工程師溝通，整個嚇了一跳。從開始到結束，董哥都不會刻意提及自己是身心障礙者，只用專業與努力爲客戶著想，在成交結案後看到董哥一人坐著輪椅，除了佩服董哥網頁設計上的專業外，更對身心障礙者能做出這麼優良的產品多了敬意，跳脫身心障礙者工作能力差的刻板印象。

過去那個年代靠著口耳相傳，客戶不停介紹其他客戶給董哥，於是董哥從一人工作室也慢慢拓展成頗具規模的網頁設計公司。除了工作以外，董哥也常出席一些關於身心障礙的公益活動，某個聚會上遇見妻子馨心，兩人一見鍾情，即使都坐在輪椅上，生活起居都不便利，一些生活習慣也不盡相同，但愛情總能包容一切。或許旁人都不看好，兩人從結婚前的大吵，到現在的甜蜜鬥嘴，至今已過了數十年，互相在生活及工作上扶持，即

1&2 把家中改裝成工作室

使不像外人看得轟轟烈烈，卻也樂於與一隻狗過著幸福平淡的生活。

董哥及妻子兩人看著剛新婚的方羚跟雲豪夫妻，一臉祝福跟期待，誰說兩個坐在輪椅上的人就不能結婚呢？正因爲都有著行動不便以及人生歷練，更能了解彼此的需求跟想法，其實並不需要在意外界的眼光，能相愛就是一件很棒的事情。

脊髓損傷者在臺灣有數十萬人，也有非常多優秀的脊髓損傷者靠著自身的努力從挫折跌倒中爬起來，董哥在拜訪的過程中也叮嚀方羚跟雲豪，「凡事不要把輪椅放在前面。這樣你們當然走不過去，永遠都覺得前面的路太狹隘，害怕跌倒就只站在原地。」也囑咐雲豪，「既然兩個人決定要結婚，男生就要負起照顧女生的責任，要當一個有肩膀的男人。所以你要更認眞努力賺錢，玩心不要那麼重。」講得雲豪害羞得猛點頭。

董哥夫婦住在家中留下來的房子，原本是高雄的老舊眷村，現在已將裡面的設施改建成自己跟妻子的辦公室，也省去四處奔波的困難，工作室擺設了許多董哥跟妻子出去旅行的照片，以及蒐集的紀念品，看得雲豪跟方羚也好生羨慕。

愛情才剛起步沒多久，就進入了婚姻這條路，方羚跟雲豪要走的不只是吵吵鬧鬧的戀愛生活，更多的是學習互相包容彼此情緒，婚姻裡面怎能不吵架，怎能沒有紛爭，怎麼沒有沮喪，但不管怎樣，能相愛就是勇敢的好事，只要前方有路就學著去走走看，路上的風景就像四季變換的天氣，不可能每天都是晴天，但是走著、走著，或許就會擁有另外一片天空。不要因彼此殘缺的身體而阻擋了相愛的渴望，每個人的靈魂都是完整，而包容的愛，會將殘缺的部分變成另外一種養分，成爲彼此共同依賴的翅膀。

最後董哥的妻子從工作室拿出了一個紅包，「這是給你們路上的旅費，我們沒有什麼能力，但能看見同是輪椅的夫妻，光這一點就覺得感動。」將紅包拿在手中的方羚點了點頭，看見董哥跟妻子兩人相愛相識的經過，或許未來沒有自己想的如此簡單，但每一次鬥嘴吵架，也是戀愛走過的足跡，學會珍惜彼此最初的眞心，就能走更長遠的路。

今天我眞的嫁給你了

3/21 高雄▼臺中大甲鎭瀾宮▼高雄

出發前，雪兒提議是否可以在旅行途中爲兩人舉辦一場簡單隆重的婚禮，最好能在臺東布農部落，最好是方羚成長附近的小教堂，最好所有親朋好友都來，當然這一切都是想像，連絡方羚母親美珠姨後就發現一切沒那麼簡單，似乎這個計畫只得取消。

環島的第二天，輪子出走來到臺中大甲鎭瀾宮拍攝婚紗，因爲氣候不好的原因，只好借宿鎭瀾宮附設的大甲育幼院，還受邀跟廟方工作人員共進晚餐。其中有個負責舉辦活動的工作人員說：「其實我們有一個不情之請啦！那就是一個禮拜後，大甲媽祖廟要辦一場兩年一度的『大甲媽嫁女兒』祭典，跟你們說喔！這活動可不亞於大甲媽祖遶境，非常熱鬧，前年我們第一次辦，就邀請了一百對新人來參加集團婚禮，廟方會請中部最棒的婚紗業者幫所有新人化妝，然後所有新人會在媽祖的見證下得到幸福。不知道你們可不可以來參加？」

當場四人無法立即做決定，不知道該做何反應，畢竟按照時程，那個時候的我們已經環島旅行到高雄，怎麼可能折回臺中？況且這二十五天的行程非常忙碌，要完成二十五縣市的婚紗拍攝，還要陸續拜訪傷友，所以最後只好謝絕大甲鎮瀾宮的邀請。但不知怎麼的，離開後的幾天總一直想到此事，其實方羚跟雲豪兩人沒有辦正式的婚禮，因爲經費的關係，也不確定之後還會不會辦婚宴，雖然這次環島會拍無數組婚紗，但卻沒有辦法彌補沒有一場婚禮的遺憾，想到這，雪兒腦中突然閃出一陣靈光。

「輪子出走的標語就是『四個背包、十四個輪子、四個瘋子、一場婚禮，一生不能錯過的冒險，用旅行打破障礙的極限。』如果沒辦法在臺東辦婚禮，爲什麼不直接回臺中，去大甲參加婚禮呢？」她興奮得說。

的確，很多事情總是在轉念後找到一線生機，於是四人決心花一天的時間，從高雄往返臺中，就

▲百對新人合影　▼代表百對新人接受祝福

只爲了圓一場婚禮的夢想。一大早，我們就坐上高鐵，從左營前往大甲鎮瀾宮，沒想到這場婚禮比想像中還要更盛大，一進到大廳，就有百對新娘正在梳妝，很緊急地也把新娘方羚送進新娘化妝室，等等就要坐禮車到大甲鎮瀾宮前，接受媽祖娘娘的祝福。

大甲鎮瀾宮廟方知道「輪子出走」從高雄趕回來後非常興奮，甚至安排雲豪跟方羚走在百對新人最前面，引領所有人一起踏入會場。方羚跟雲豪兩人第一次體會走紅毯的感覺，原來不只是像明星般的閃耀，還有幸福。隨著祭天儀式開始，旁邊擠滿圍觀群眾，各家媒體的 SNG 車也都準備好採訪廟方這年度盛事，成爲百對之首的方羚跟雲豪無疑是這場婚宴裡面最閃耀的光芒，似乎也希望每個人看見這對坐在輪椅上的夫妻後，都能克服各種難關、一起牽手，百對夫妻都在舞臺前接受媽祖的祝福，更有民眾在旁邊喊著：「要幸福久久。」沒錯，幸福眞的沒有想像中這麼難，愛情只要彼此願意付出，就能得到美好的果實。

旅途已經走到一半，發現整個臺灣社會都充滿了愛，不管我們走到哪裡，都有人獻上無比的祝福，或許每個人心中都有著一種缺憾，那種缺憾是無法踏出一步爲自己想要的愛情勇敢，當有一個人替代他們心中的自己勇敢，似乎也在引領他們走向自己的美樂地，告訴他們：「愛眞的不難，重要的是願意走向彼此。」

如果沒有經過大甲，如果沒有認識這些粉絲，如果沒有這趟旅行，好像就不會牽起這麼多奇妙的緣分，或許這二十五天只是人生中記憶的一小部分，但對四個人來說，已經是無法抹滅、最重要的一大部分。

我們學著重新爲自己而活。

第三章

磨難。

沒有人有義務幫助弱勢、幫助誰完成夢想，
夢想也沒有想像中美好

Love Ring Taiwan

旅途彷彿倒吃甘蔗般越來越甜，有著志工的協助和粉絲團朋友的鼓勵，一路走來承載許多人的熱情關懷，但慢慢地也在四人間產生了不同的化學反應，有人感到疲憊，有人感到與初衷背道而馳，有人覺得不被諒解，開始了窩裡反的內鬨，追逐夢想美好的表象下面，似乎隱藏了各種波濤洶湧。

潛進海裡拍婚紗

3/22 高雄 ▼ 屏東恆春 ▼ 墾丁

3/23 墾丁 ▼ 水到魚行浮潛館 ▼ 白沙灣 ▼ 墾丁

輪子出走冒險的第十四天，一路從桃園騎行至臺灣最南邊墾丁，此時的氣候彷彿春天後母心，從極寒變酷熱，我們經歷了十個縣市夢想婚紗的拍攝，開始有了江郎才盡的挫折感。

在高雄的駁二特區港口，阿帛特別請自己的造型師朋友阿ㄅㄧㄤˋ來幫方羚設計不一樣的婚紗造型，讓一成不變的婚紗有了創新的感覺，但出發之前我們有設定一個目標，不只是全臺婚紗拍透透，還要上山下海拍婚紗；下海當然不能只有在海邊沙灘碰碰水，一定要潛入海底見證愛情，爲此雪兒跟阿帛絞盡腦汁，連絡不少墾丁潛水的店家，沒想到一家又一家吃了閉門羹。「妳那邊連絡得怎樣？」阿帛問著雪兒，關於脊髓夫妻到墾丁潛水的事宜，不是浮潛喔，是潛水。

雪兒沮喪得搖搖頭，已經很努力的在詢問墾丁有關潛水的資訊，但就是沒有任何一家潛水店，願意接坐在輪椅上的傷友下海拍婚紗的生意。心裡也明白大部分人對於輪椅族仍存在許多刻板印象，感覺他們很容易受傷，總把身心障礙者想成燙手山芋，曾經有一個新聞是某個人想幫助傷者但適得其反，結果被傷者家屬怒告，這樣的案例真的太多，基於保護自己的心態能不要接就不要接，接了這麼麻煩，這種錢不賺也罷。

就像出發前設想的一樣，一切都沒那麼容易，不過好在都已經選擇走在路上，不管怎樣就是去嘗試，真的完全無法做到才能說放棄。第一條路我們先照上網搜尋出來的電話打，沒用；第二條路上網詢問網友的意見，也沒人回覆；四人在網路社群集結眾人的意見也沒有下文，能打的電話都打了，直到去墾丁的前一天，沒想到突然間雪兒的朋友玲玲看到了訊息，給了雪兒一個韓教練的電話。

雪兒馬上緊張兮兮打電話過去，說明有一對坐在輪椅上的夫妻，想要帶著頭紗潛入海中十公尺深處拍攝婚紗，不知道對方能不能接這樣的團體，電話另一頭的韓教練聽到是坐輪椅的要潛水並沒有很驚訝，還說之前也接過類似的案例，不過接團有一個條件。

「如果你們要潛水需要看天氣狀況，只有一天的時間可以，因為剛好那天是漲潮，其他天沒有辦法，而且條件是必須是早上七點前下水。」韓教練講完之後，我們半信半疑，但彷彿烏雲中露出了曙光，一絲不敢怠慢，約好了時間就從高雄前往墾丁，因爲中間還有一天空檔，我們決定先去白沙灣的海邊拍攝特色婚紗。

此時造型師阿ㄅㄧㄤˋ特別自費前來幫助方羚妝扮成美人魚，將方羚打造成一個爲了愛要放棄海裡生活的女孩，而雲豪是那個深情的王子，爲了這一組在沙灘上的婚紗，其實也把其他人都累翻了。輪椅碰到溼軟的沙子就無法產生任何推力，而且沙會卡輪子，根本就是無法前進。雪兒使出九牛二虎的力氣開始推，推到一半叫了阿帛，方羚只能在輪椅上喊著加油，明明走路五分鐘就可以到的岸邊，硬生生推了數十分鐘。

不管兩個人怎麼用力的推，都看得出來離海還有一段無限大的距離，而且海風吹來眞的很冷，每個人都擔心方羚感冒生病，但興奮的方羚一點都不在意，自從受傷之後就再也沒回來墾丁，雖然是在這附近的度假村受傷，但現在的生活已經脫離那受傷的陰霾了，因爲握住了一個喜歡人的手，取而代之的是幸福的笑容。沒有那次跌倒，或許人生接下來一帆風順；但因爲跌到了，爬起來才能擁有另外一片別人沒辦法看見的天空。

化身美麗的人魚公主，拯救心愛的王子

換上了美人魚裝，眞實坐在沙灘上，方羚眼前出現了一種錯覺！或許自己眞的跟海底的巫婆交換

條件，只要讓她再一次爲自己而活著，就把雙腿送給上天，即使未來都不能行走也沒關係。那是一百公分的視野，輪椅走過的每一段路途看似辛苦，但卻因爲有身旁的人，變得更有愛。

方羚彷彿被所有人捧在手心上，她甜美的笑容融化所有人憂慮，甚至帶給許多人勇往向前的勇氣。但另一方面，「輪子出走」也慢慢發酵出了另外一種聲音，阿帛開始厭倦，雪兒開始疲憊，每個人都把方羚捧得像掌心上的明珠，不管是之前中部的志工，還是一同環島的萬里夫妻，慢慢的好像忘記了那個最原始的初衷，方羚只覺得站在夢想裡面，似乎忘記了要讓更多人得到站出來的勇氣，只是大家都讓這種氣氛蔓延，但誰也不想說開。

終於到了下海的那天，一大早天還沒亮就準備出門，跟隨志工來到韓教練所開的水到魚行潛水館，原本以爲要坐船出海才能潛水，沒想到其實從岸邊就可以走到海裡，適逢漲潮期間，也就是教練所說的時間點，不需要乘船到外海，只需要將輪椅推到岸邊，才能方便下海，再由教練引導到海中。

教練一組共三人，通常是一個人帶兩個人，但是因爲這對無法使用下半身的夫妻，完全無法用腳的力氣在海中移動，所以必須一個教練帶一個人，另外由於我們希望可以在海底拍攝他們的婚紗照，所以又必須再動用一個攝影師去拍攝一系列的水下婚紗，那輕飄飄的頭紗在十公尺深的水底盤旋，美到令人覺得光彩奪目。

在海底，方羚跟雲豪體驗了人生第一次的潛水活動，完成我們環島夢想的其中一部分，也證明只要有心，沒有克服不了的難關，但是沒想到緊接而來的，卻是一場未知的暴風雨。

我們的初衷呢？

3/24 墾丁 ▼ 枋寮 ▼ 臺東

經歷了風吹、日晒、寒流的十六天，離開墾丁後，接下來將是長途跋涉，一路要從墾丁大街騎到枋寮搭火車穿越南迴，直達臺東，方羚不希望雲豪因爲要帶這麼多東西上路而感到疲累，所以從房門裡整理了一些要請志工夫婦幫忙載運的物品，包括兩人身上的背包，雪兒看到之後，發了很大的脾氣：「你們這樣還要繼續旅行嗎？」

方羚望著雪兒的背影不解，持續趕路的確讓所有人都筋疲力竭，但到底發生了什麼事情，要這樣大呼小叫的？心想只不過是請志工夫婦把背包載到臺東，以自己的體力能撐到墾丁眞的已經很厲害，而且從高雄開始，阿帛跟雪兒就一直都拒那些志工千里之外，答應志工來的是你們，現在又出爾反爾，眞不知道你們要怎樣。於是，沉默了一回，方羚的不悅跟疲憊都寫在臉上，四人回到各自的房間都不說話，不知道哪個環節的螺絲鬆動了，卻也沒有人想要去撿起那個螺絲釘。

幾分鐘後，在墾丁的民宿門口，方羚還是乖乖背起背包繼續前進，經過這次脾氣一鬧，四人已經沒有剛出發的興奮，每個人的內心都是滿腹猜疑，下一站是往臺東的方羚返鄉之路，卻也可能是彼此結束的句點。沿著墾丁往枋寮的路走，一樣阿帛騎在前方，雪兒的小折墊底，旁邊是連綿的山壁，再過去是蔚藍深深的大海，汗水不停得在額頭上冒出。屏東專屬的落山風一陣一陣快把四人吹到山邊的水溝中，往前還有數十公里，方羚內心嘀咕，爲什麼雪兒非得堅持背著背包騎行？路上又沒有人在看我們，志工夫妻也已經走很遠了。一路上大家都這樣過來，卻不明白重要的不是背包，是你該怎麼看待這場旅行；阿帛此時已經感到無力，他覺得旅途走到後面，離開始的初衷越來越遠。

四人從墾丁沿著海岸線一路往上，爬上無數的坡道，還有不少的善心路人搖下車窗幫大家加油，甚至在途中買了運動飲料給四人補給，天黑之前終於抵達枋寮車站，買完車票之後，就在附近的便利商店歇息，等待火車進站，大部分時候，四個人都是保持發呆無語的狀況。上了火車，雪兒在粉絲頁打了一句話「布農公主要回家！」留言串下面都是一陣興奮，不過對照著四人的面無表情，阿帛跟雪兒突然間面色沉重了起來，方羚不知道是早上擺臭臉讓他們感到不開心還是怎樣？突然間覺得好想放棄這趟旅程，反正對拍婚紗也感到厭倦了，只是誰也不知道怎麼開這個口。

「輪子出走」二十五天一共有三段是搭乘火車，第一段是新竹到三義，第二

段是枋寮到臺東，第三段是花蓮到宜蘭，因爲這三段都是不適合輪椅前行的路段，也不覺得非要冒生命危險去完成一段旅途。入夜，火車越過南迴鐵路段，單車跟輪椅就掛列在最後一個車廂，下車前，阿帛傳了一封信到四人共用的通訊軟體群組，他一臉無奈，「我不知道該怎麼說了，你們看看吧！」這是一封由衛生福利部傳來的民眾檢舉信，在環島初期就投訴主管單位，質疑身心障礙機構辦理背包客環島活動是否允當，並說以機構之立場，讓這四個人環島拍攝婚紗，是否有圖利某些身心障礙傷友之嫌，造成社會資源不公？數千字讓每個人感到沮喪失望。

或許從初期到現在，四人得到許多媒體記者的寵愛，也受到很多社會大眾的關愛，更聚集了一些追逐的粉絲，問他們：「為什麼對我們這麼好？」他們會說：「因為你們現在做的事情讓我好感動，如果不伸手幫你們，就讓我覺得自己好無用。」這份愛，有時候會把人捧成明星，像是聚光燈一樣把每個人的笑容照耀得特別明亮，但聚光燈外的黑暗才是眞實世界，如同這封信，像一把劍刺進了四個人的心裡，讓原本已經沉默的空氣，變得更加酷寒。

「爲什麼？」方羚憤憤不平得看著雪兒。

「沒有爲什麼。」雪兒也不知道該怎麼回答，心想這封信或許就是來提醒我們，不是每件事情大家都會正面思考。

「怎麼會有人質疑我們這麼辛苦環島的動機？要有多大的勇氣才敢踏出第一步，這些人難道都不明白整天帶著尿布跟浣腸有多費工夫？在豔陽下憋尿有多痛苦？半夜送到急診室有多可怕？常常吃完早餐後就是晚餐，每天趕路有多辛苦？」方羚大滴的眼淚忍不住流了下來。

雲豪也嘆氣，問那要怎麼回應。不管怎樣，最不願意發生的事情出現了，此時大夥一陣心情低落。「或許在方羚大病之後只貼出外遊玩的照片，讓大家都以爲我們過得太舒適。」阿帛覺得這一點可能是別人懷疑的原因。所有人都是透過臉書粉絲頁來追蹤「輪子出走」的旅程狀態，我們也很在意是否能在臉書上以照片及訊息傳遞正面能量。還記得初期都是在寒流中奮力騎行的慘樣，甚至一度把方羚半夜送急診室，那一次方羚的媽媽打電話來邊講邊哭，就連機構的董事長都來電，說如果走不下去，就不要勉強。爲了不讓家人擔心，四人在討論後，決定公開的訊息要報喜不報憂，或許在某些人眼裡看來，「這四個人就是不用工作出去玩樂啊！口中說緣脊髓夫妻的拍攝婚紗夢想，那脊髓損傷者難道就只有他們兩個需要被報導？爲什麼他們可以這麼幸運，得到所有人的愛？」

或許就是這樣計較的心態，檢舉信洋洋灑灑告狀到機構的主管單位，公文下來時機構的同事看到都大驚，卻也一棒打醒了互相猜忌的四人，計畫初衷要的從來就不是聚光燈，是那個眞實在追求夢想的感動。路途的遙遠，不在於走過的風景，有時那輾轉的心境，更令人感到不知所措，剛開始出發只有四人，然後沿路變得很多人，漸漸地路上的人在影響我們，彼此的情感也在發酵變化。

「不覺得我們四個人要回到最開始的初衷嗎？」雪兒語重心長。

「什麼初衷？」雲豪在旁邊似懂非懂。

雪兒開始悠悠地說起在墾丁大發脾氣的原因，還有一路上拒絕許多志工來幫忙的緣由，或許當初是出自於想要讓接續旅程更加順利，畢竟一開始實在太多艱

沿路打氣的粉絲

穿越鐵軌到月臺

辛，疲憊崩潰都是旅途的一部分，但許多人對於身心障礙者的態度大部分都是同情大於同理，總覺得如果自己能幫上什麼忙，一定要義不容辭，到後面往往會介入了他們的生活。表面上旅途因爲志工的協助，而免去許多勞心勞累的雜事，但事實上那些困境才是整趟最重要的過程，如果只是依賴別人幫助完成旅途，那麼爲什麼當初不選擇最方便的方式，或是直接發包給旅行社呢？

「想想四個人什麼時候最快樂？」

「我想大概就是出發前幾天最慘的時候，憑著一股毅力從桃園騎到臺中，那時候每個網友都覺得好可憐，我們卻一心只想往前，不覺得自己可憐。爲了吃一個便當努力，爲了讓大家看見我們的勇氣努力不懈，但慢慢的現在我覺得我們好像一盤散沙，而你們連最基本背背包的苦都吃不了。」

「你們兩個是我覺得最能吃苦的傷友，但

後面幾天我眞的覺得這樣的想法是不是錯了！」阿帛無奈補充說著，在機構工作的我們，知道並不是每個身心障礙者都願意像方羚跟雲豪這麼願意踏出內心的恐懼，甚至挑戰自己的極限，但是到了旅途後面，依賴別人的慣性漸漸浮現，慢慢也踏入了舒適圈，忘記了剛開始大家面對困境的信念。方羚這才知道，原來這就是後面幾天大家都表現得怪怪的原因，聽完之後不發一語，因爲想反駁都不知道該從哪裡說起，但提到自己不能吃苦，內心就一股叛逆就出現，想到自己受傷後連續一年不眠不休的復健，那種苦都吃得了，何況這種旅行的苦。

「你還記得我們一開始要做什麼嗎？」阿帛說。一路上所有志工都圍著方羚跟雲豪打轉，甚至私底下一度還被找來的志工罵自私，說：「如果方羚想拍漂亮一點，爲什麼還要催促著他們趕往下一個行程？」他們希望可以完成方羚的願望，如果方羚當下說我不想拍了，他們也會認爲是不是阿帛施壓，如果方羚想去其他地方，他們就會希望以方羚的願望爲主。

但這趟旅程只是爲了私心完成某人的願望，還是想要讓更多人認識脊髓損傷者？要讓他們藉由「輪子出走」的努力踏出舒適圈完成夢想，還是都用身體的殘缺吸引志工幫忙來完成？如果自己都不需要努力了，那爲什麼當初就不計畫後面壓一臺保母車，前面一臺前導車，卻要機構兩個同仁騎著單車陪行呢？或許善心人士的協助是好意，往往有時候過多的幫忙反而阻礙了弱勢者自己爬起來的道路，

認爲反正都會有人在背後撐腰，爲什麼還要走回艱難的路？只是當你選擇了簡單的路途時，這段旅程非但不會帶給人更多感動，也無法讓更多受挫折的人走出不安的困境。

那漫長的南迴鐵路火車，從枋寮到臺東的兩個多小時，四人促膝談起這一段旅程，就像穿越了十七天的悲歡喜樂，最終卸下了心防，開始聊起了初期寒風中前進的新竹，風雨交加的臺中，還有急忙找急診室的驚險過程、加上炎熱的臺灣南部，沾染各地人們的熱情，一路走來相伴的路人……，我們眞的很珍惜路上遇見的每樣人事物。

最後，雪兒語重心長的提議，「謝謝志工夫婦，回到臺東部落後，重新開始就只有我們四個人，東西再重也要背在身上，身體再累也要騎到終點，路很遠，但更要一步一腳印的踏實走完。」其他三人也用力得點頭，剩下的時間已經不多，放下彼此的猜忌，總算回到最初的起點。此時方羚內心彷彿撥雲見日，雲豪也點點頭，這趟旅行最重要的不是拍了多少組婚紗，完成了多少的夢想，而是彼此信任的心情，夥伴其實最重要的就是信任，一路上沒有誰幫助誰，就是互相扶持，才能明白這趟旅程、這段路程的可貴。

「輪子出走」要做的事情就是讓他們相信靠自己的力量，也能走到那些去不了的地方。「走出希望」才是這趟旅行最核心的價値，雖然方羚曾私心的覺得自己只要把婚紗拍得美美就好，但此刻才明白相愛的決心、出走的勇敢，比那些執著的片刻來的重要。

至於那封突如其來的檢舉信，也變成了「輪子出走」彼此凝聚力量的支柱，如果不想認輸那就重回原點，憑藉著初衷，繼續努力往目標前進。

烘焙坊的香味，乒乓球手的汗水

3/25

臺東 ▼ 臺東鐵道藝術村 ▼ 採訪傷友林彥穎及陳富貴 ▼ 臺東鐵花村

到了臺東已經半夜，此次旅途一共要拜訪四位脊髓損傷的前輩，除了雲林的「種菜輪椅」李建興、高雄的輪椅夫妻「董哥夫婦」，另外兩位就是在臺東的脊髓損傷者之光，一位是在臺東自家開「曙光烘焙坊」的林彥穎，另外一位是殘障奧運金牌乒乓球國手陳富貴，這兩位都是在脊髓損傷、生命受挫後，仍不放棄自己的勇士代表。

彥穎畢業後就在臺北工作，由於過去學科專業是烘焙，所以就在臺北知名的麵包甜點店擔任員工，就在一個平常的上班日，突然間彷彿像是失去地心引力般的，整個人毫無支撐力量往地板上重重一摔，這一摔嚇到所有同事，彥穎也不知道發生什麼事情，進到醫院檢測之後判定是脊髓病變，經過兩年的努力復健，慢慢重新回到健康的身體，也能適度地站立工作。

不過好景不常，不到幾年脊髓病變復發，癱瘓部位也越來越多，醫院也不建議她再做任何復健，回到臺東開始過著茫然、與母親相依爲命的生活。第二次的癱瘓，彷彿讓她從地獄再掉進了十八層地獄，彥穎對生活逐漸失去信心，心想一直過著倚靠母親的廢人生活也不是辦法，於是在母親的鼓勵下，重拾對烘焙的熱情，先是購買烘焙器具，接著開設了於網路販賣的「曙光烘焙坊」，專門客製乳酪蛋糕，靠網路下訂、製作、寄送，沒想到廣受網友好評，甚至有記者前來專題報導，當時的臺東縣長也親自到訪加油，讓彥穎經歷一連串病變後，彷彿得到了人生中最大的鼓勵。

彥穎特地送上自製蛋糕，讓我們補充體力

她從來沒想過自己會在年輕的時候經歷兩次脊髓病變，第一次還可以用復健回到正常生活，但是第二次卻徹底將她打敗，但秉持著人活下去就要有希望的精神，加上家人無限的支持鼓勵，總算在谷底絕地開出了花朵，靠著「曙光烘焙坊」的蛋糕也找回了人生美好的笑容。或許下一次的病變就會帶走她的生命，但只要人活著就不應該放棄任何希望，再怎麼無奈的人生，都應該爲自己找一條出路，天無絕人之路，只有自己不想去走的路。

結束拜訪曙光烘焙坊的彥穎後，四人要去另外一個「脊髓之光」陳富貴的家，彥穎知道後很開心

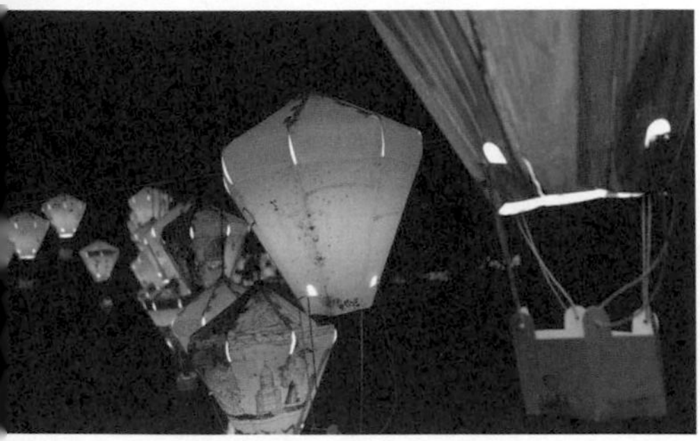
臺東鐵花村

殘奧桌球國手陳金富

地說：「他是我的老師，我帶你們一起去。」原來彥穎除了平常在家烘焙蛋糕之外，最常將時間花在富貴老師家練習乒乓球，而陳富貴也是這幾年在世界殘障奧運大出風頭的乒乓球國手，甚至爲國爭光拿了好幾面獎牌。

到了富貴老師家，師母馬上熱情地款待四人，牆上都是富貴老師這幾年出賽得到的獎牌，大家也慢慢聊起老師接觸乒乓球的過程。早些年，富貴老師受傷後，就輾轉到脊髓損傷潛能發展中心進行生活重建訓練，只是年紀已大，無法再學習更多網路相關課程，之後才在朋友的不斷慫恿與建議下，開始乒乓球國手之路。脊髓損患者在受傷後非常需要長時間不間斷的運動，由於下半身癱瘓，往往該部分的肌肉就會退化到無法使用，而最適合脊髓損傷者初階的運動就是乒乓球。

對於富貴老師來說，一開始只是單純興趣，既然網路課程怎麼都學不好，至少多運動、打打乒乓球還可以強健體魄，想不到無心插柳之下，竟然開始走向國手這條路，第一次出國比賽抱著好玩體驗的心態，由於沒有多加練習導致大挫敗，也激發了骨子裡那股不服輸的精神，更讓他決心要好好走上國手這條路，特地把家裡空出了一塊擺放乒乓桌，甚至還專門聘請指導老師協助自己訓練，於是在接下來的國際賽事嶄露頭角，抱回了人生第一面金牌獎座，同時也是因爲有妻子在旁邊義無反顧的支持，更讓他無後顧之憂去完成乒乓球的夢想。

問起富貴大哥除了將國手這個角色扮演好之外，還想做些什麼呢？富貴大哥說想在臺東這塊土地發展更多元的乒乓球文化，讓男女老少都能有一個場地盡情運動，這樣的夢想同時也感動了我們，有些人的夢想很自私，有些人的夢想卻很偉大，能站在一個高峰上，明明自己很需要別人幫助，卻隨時想著怎麼幫助其他人，這才是眞正有大夢想的人。

對雲豪跟方羚來說，婚姻是他們相愛的第一步，但是卻並沒有找到人生最終的夢想，有了「曙光烘焙坊」彥穎跟「脊髓之光」富貴大哥的指引，似乎也默默地告訴雲豪跟方羚，不能只拘泥於眼前的幸福，未來的人生是一條蔓延的路，如果能爲別人奉獻出自己的努力，就可以把兩個人的幸福升華到更多人的幸福。

幸福不應該只是兩個人的事情，能讓更多人感受幸福，才是眞正的幸福。

回娘家

3/26 臺東 ▼ 關山紅石部落

輪子出走回到臺東還有一項重要的任務，那就是：回家。

方羚自小生長在臺東海端鄉的紅石部落，母親是布農族，父親是排灣族，家中還有兩個弟弟。「輪子出走」環島的計畫被報紙以及電視廣泛報導之後，許多人認識了方羚跟雲豪這對夫妻，最捨不得的是美珠姨，最驕傲也是美珠姨，從啓程的那一天，就不斷祈禱大家能一路平安順遂，也期待著這四人能用自己的力量，返回方羚紅石部落的老家，那是另外一種光耀門楣。

女兒突然意外受傷後，造成半身不遂，美珠姨雖然口頭上不說，但一想到好好的女孩子變成這個模樣，不由得夜夜喝酒麻醉自己，加上方羚的父母也在這一年離婚，好不容易把三個兒女一手拉拔大，原本想著兒女大了自己就可以享清福，沒想到意外總是來得不知所措，老公離開了，女兒半身不遂了，一切都像是上帝在開她的玩笑。最令美珠姨擔心的是不知道女兒的未來幸福在哪裡，母親懂女兒，女兒像母親，兩個人都是好強且不服輸，如此相似的硬脾氣，許多心裡話也沒辦法當面說出口，有些苦也只能往肚裡吞，一心希望女兒可以不要被身體的痛苦折磨，煩惱到髮絲在這些年瞬間蒼白許多。

那天女兒來了通電話，「媽媽，我要嫁人，在我受傷那天，可以嗎？」美珠姨還來不及問是誰，住在哪裡，怎麼認識，內心早被開心沖昏了頭，「真的嗎？不要騙媽媽喔。」方羚在電話的另外一頭哭著說：「幹嘛騙妳啊！」「那幾時要帶給媽媽看！」有人說丈母娘看女婿，越看越有趣，好想知道那個牽起女兒手的男人到底是誰，過去原本希望女兒嫁給一個好對象，現在只要女兒過得快樂就好，這樣才能放下心中的大石頭。「快帶回來給大家看啊！」

「要殺豬喔！要慶祝喔！」美珠姨已經迫不及待用布農族傳統嫁女兒的方式來慶祝了，早在過年的期間，雲豪就曾載著方羚兩個人一路從桃園開車回到部落，辦了一場盛大的嫁女兒儀式，沒想到過了一個月，女兒跟女婿踏上了一條冒險的旅途，還上了電視各大媒體報導。想到女兒在那麼年輕時就經歷了人生的谷底，也盤旋過那些揮之不去的陰霾，這幾天隨著一路關注「輪子出走」的旅程，看見女兒努力不懈地完成夢想，也逐漸放下那些年對她還不了的虧欠。生命從來不會到了低潮就結束，經歷了這一切，慢慢的彼此都會找到更適合的出路，坐在輪椅上的方羚，最終也找到牽起她一輩子手的男人，對美珠姨來說，這是人生中最大的安慰。

輪子出走抵達的前一天，美珠姨就急忙去家裡附近理髮店燙頭髮，設計了超美的髮型，然後把家裡打掃得更加舒適，在市場買了一堆食材準備晚上的部落佳餚，只是怎麼等待到天黑日落，這四個人就是不出現？盼得美珠姨都想開卡車衝下來把女兒接回家。

站在門外，脖子往外左盼右盼，總不見個人影，打電話問到哪了，只聽女兒回答在路上，日落後才終於在蜿蜒的道路上看見四人的身影。

實在是因爲臺東的路途太過崎嶇，從臺東市離開後天空就飄起了陣陣的細雨，身上的雨衣穿了又脫，脫了又穿，沿途彎彎曲曲的路讓人覺得異常崩潰，但一場意外的檢舉信又讓「輪子出走」回到了啓程的初衷，排除了對於彼此的不信任，更想要努力的勇往直前，穿越了山中順勢而爲的馬路，瞬間雨天變成了烈陽，汗水從身體內部滲透到外面，今天只有一條路，就是回家的路。

都到了部落門口，沒想到進去是一條只有往上

沒有往下的路途，而四個人已經快呈現筋疲力盡的狀態，等到最後抵達美珠姨家時已經是日落時分，拖著疲憊的身體進入了家門，美珠姨迫不及待已經從門口出外迎接四人，大喊「等你們兩天了！」只見方羚止不住淚水倒在母親的懷抱哭泣，一路上雖然是爲了自己圓夢，卻又感覺受了委屈，聽見了許許多多支持的聲音，也知道自己需要更努力的地方，一切眞的沒有想像中那麼好。

女兒抱住母親，母親忙著到廚房就開始做起了一大桌的料理，一群人連同志工夫婦就坐在部落的房子外，外頭是星空，遠方是關山市區點點燈火，方羚用卡拉OK伴唱機唱起了歌，隨後部落朋友們一一都出現了，每個人都爲了這一天的到來，不知道期待多久，好希望時光能停留在此刻，酒酣耳熱的熱鬧氣氛，這個家好久沒這麼歡樂。

當晚阿帛跟志工夫婦解釋了最後「輪子出走」的決定，也感謝夫妻兩人從彰化一路以來的陪伴，從陌生人變成了朋友，從朋友變成了親人，沒有他們這段期間的幫助，旅程一定格外艱辛。但是，有些事情真的無法全依靠別人幫助，例如從悲傷走出來，從挫折跌倒中爬起來，既然都有共識要四個人一起完成這趟旅程，那麼「家」就應該是個重新開始的起點，既然「輪子出走」都能經歷了酷暑、寒流的天氣，一路用雙腳踩過臺灣的每一寸土地，即使最後只剩下我們，更應該要無畏放膽地走完接續的路途。

翌日，四人把所有行李又重新放回肩膀上，一早方羚也淚別了美珠姨，這一次擁抱後不知道幾時才能再次見面，兩條淚水滾滾得流下來！也讓一旁的雪兒跟阿帛都感到動容，母與女，一種血脈相連、無法分割的情感。

旅程最感動的往往不是風景，而是跟過去每個相關人事物的聯繫，離開才懂得珍惜當下所擁有的一切，當我們學會了知足，就不會再被過往情感羈絆而感到不安。

不要在低潮的時候想不開，因爲家人會陪伴你度過最難過的時候；不要在榮耀的時候忘記，他們是一直在背後支持你的那雙手。

花蓮的那碗麵

3/27 臺東關山 ▼ 花蓮玉里

3/28 花蓮玉里 ▼ 宜蘭火車站 ▼ 宜蘭礁溪

結束關山紅石部落的拜訪，四個人重新背上所有背包，也不再號召任何志工幫助，就靠著自身的努力一路北上，雖然接下來的路途遙遠，花東山區路段也特別崎嶇，但就想要證明給那些不看好的人，即使坐在輪椅上，有一萬個理由放棄，但對於夢想總有一個堅持下去的理由。

不能說騎著輪椅環島是一個多大的夢想，但是對於許多人來說已經是一個遙不可及的夢。或許曾經彼此也不看好這段旅程，但走下去你總會想看到盡頭的模樣，是不是也充滿了希望。關山過了一個山頭，就到了臺東池上，這裡跟西部有完全不一樣的風景，大概要騎車數小時後才有一家便利商店，車道上已經沒有喇叭聲，身邊全是樹蔭跟稻田，抬起頭天上開始飄起了陣雨，總覺得沒兩下崩潰跟挫折就找上門來，因爲連遮雨的地方都沒有。

即使如此，都已經在路上，就不要放棄能夠繼續下去的可能。於是將十四個輪子轉進了臺東池上著名的伯朗大道，在無邊際的稻田中見證幸福的愛情。只是雨忽大忽小，把每個人都搞得手忙腳亂，匆匆到了金城武樹旁就開始拍攝婚紗，等到結束拍攝已經莫約下午兩點，轉進市區馬上就低頭快速扒了池上便當，稍作休息後馬上又沿著公路到了花蓮，從富里騎到玉里，路途比想像中遙遠，遠方的太陽也從高掛天上慢慢沒入後山。

還記得出發的時候在想，大概一天騎行四至五小時，景點要找二至三個，然後必須在十點前入寢，之後還要在隔天早上六點起床，七點出發，但一切都跟想像有所出入。四個人常常半夜才到旅館，隔天睡過頭到中午才出發，中間有得吃就吃，沒得吃就趕路，拍婚紗已經變得很專業，而且也不知道第幾次從白天騎到了黑夜，雖然總有人提醒我們說晚上騎車很危險，但總不可能餐風露宿，再困難也要騎到終點，彼此互相激勵下終會抵達目的地。

到了花蓮南部的玉里時，四個人互相看著對方，今晚也不知道要住哪裡？不過也不緊張，一路就是這樣過來，反正手機有網路，查詢不到就沿路問人，最後終於入住市區的太平飯店，只是每次入住前不免俗還是要問一下是否有無障礙設施。事實上，此行二十多天幾乎所有住宿都不屬於無障礙環境，每次入住前雲豪都要親身試一下輪椅是否可以穿越浴室窄窄的門道、是否可以克服房間的門檻，其實對許多坐在輪椅上的朋友來說，旅遊最麻煩的就是住宿跟廁所，因爲有太多需要克服的點，這些是一般住宿地點不會刻意注意，一般旅遊景點也不會特別設置，就連人行道都常常有莫名其妙的消防設備擋在中間，需要依靠旁人才能走過哪些障礙。

一想到必須依賴別人才能旅行，對於那些原本自信心就不足、天生害羞的人來說，更是遲遲無法跨出那一步，但是我們要證明「你不走出去，怎麼知道無法克服？」的確，臺灣許多無障礙環境尚待加強改善，但路人的熱心跟熱情也彌補了這樣的缺失。許多旅館看到雲豪跟方羚夫婦之後，都會馬上提供協助，重點是必須學習跨出那一步，還有怎麼請求別人正確的幫助，並保有自己想要走的旅途。

一碗玉里麵就滿足了

晚上我們就在旅館附近吃了老牌的玉里麵，麵很大碗又很實在，外頭下著細雨，四個人雖然騎了一整天也不覺得特別疲憊，這碗熱麵來得即時，也讓人感恩。眼見剩下旅途只剩下五天，大家心中都百感交集，或許曾經在同一家機構工作，但私底下並沒有太深交情，這二十天我們日夜都在一起生

方羚的同學特地送來早餐

沿路遇到粉絲

活，也培養出戰友情感，突然間阿帛宣布了一件事情：「我們必須要提早離開花蓮。」三個人不解望著阿帛，不是說要四個人好好地一路騎完花蓮、宜蘭，怎麼要提早離開呢？阿帛說「反正公司希望我們提早到臺北，就這樣照辦了吧！」

翌日一大早，四人就搭了玉里前往宜蘭的火車，再從羅東騎車到礁溪住宿，只是總有個遺憾，沒有時間在好山好水的花蓮拍攝兩個人甜蜜的婚紗照，於是就地取材，直接就在正在施工改建的玉里火車站前大理石廣場拍攝，這裡擺放了許多鋼筋水泥以及散落的大理石塊，方羚很盡責得將身體從輪椅挪到臺階，一個不小心碎石弄破了掌心，紅色的血液汩汩從傷口中流出，看得一旁的雲豪緊張得馬上用旁邊的手帕往傷口包紮，急著喊「老婆，痛嗎？」

方羚搖搖頭，內心卻非常溫暖，總有人說兩人的婚姻太過倉促，也不看好兩個人之後的未來，

遇到輪椅族的朋友互相打氣

但在這數十天的旅行，雲豪對自己總是無微不至的照顧，讓著自己的脾氣，也護著自己的任性，經過這段旅行，方羚更肯定旁邊這個人會是牽手一輩子的男人，有句話說得好，看這個人能不能跟你走一輩子，就跟他去背包旅行吧！背包旅行的時候有太多苦難，有太多難關，如果這些關卡都能過得去，相信這個人也能夠陪你走完下半輩子漫長的人生歲月，看著雲豪心疼的雙眼，方羚對這段感情卻有了更堅持到底的信念。

關於愛情，其實沒有太多道理。如果每個人都堅持等待對的人出現，或是好的人出現，事實上是不會出現的。你必須在愛情裡面去學習跟對方相處，找到同樣的步調，如果真的無法擁有共同步調，就換一個吧！但是如果雙方都能彼此包容、退讓、互相學習，這樣的愛才能越走越長，越陳越香。

傷痛都會過去，愛永遠都是止住傷痛最好的療藥。

一百公里，海岸線狂奔

3/29

宜蘭礁溪▼北海岸▼基隆

旅程慢慢接近尾聲，阿帛一聲令下我們開始無止盡的趕路，不再像剛出發時把許多時間跟心力都放在拍攝婚紗上面，天亮後拚命就往前騎行，四人也不再像過去沒幾公里路就要求休息，有種體力透支了也要先往前走的決心。

此時，天氣已經跟三月陰冷的春天說再見，沿路都是炙熱太陽高掛天邊，汗水隨著耳朵滑下滴落，而臺灣美麗的海岸線就在右側，好想一個不小心就跳進海裡游泳，只是輪椅不能一起下海，單車還有自己的路要走，沿路上越來越不害怕，即使有大卡車轟隆轟隆的經過，有汽車按喇叭咆哮，因為回家的路就在前方，也沒有時間恐懼往前的路該怎麼走。

從礁溪到基隆約一百公里的路途，右邊就是無止盡的太平洋，或許是上天眷顧，離開了寒流、躲過了下雨，一直以來都是美好的天晴，騎行在北海岸的途中，遇到了來臺灣環島騎行的中國青年，他看見我們特別感興趣，就說：「能跟你們一起騎行嗎？」我們看著他說：「我們騎很慢喔！」他笑著說沒關係。

於是四個人變成了五個人，後來又認識了一群騎著重型機車的不老騎士，又變成了更多人。宜蘭到新北市的北海岸有一條規劃完善的自行車騎行道路，可以區分汽車跟腳踏車，而且往右看就是浩瀚的太平洋，左邊有防撞桿讓汽車不會逼迫自行車，只是沿途的小碎石讓我們不禁擔心輪胎經歷這二十多天的行走，會發生什麼樣的狀況，不過也沒心思想這麼多，那麼多磨難不是也都走過來了嗎？微微的海風吹來，總能讓疲憊瞬間得到紓解。

中國來的年輕人陪輪子出走一起騎行

後來我們一行人就在北海岸三貂角休息，順便拍攝婚紗，雪兒急忙地把婚紗套在方羚頭上，雲豪隨時都準備擺好帥氣的姿勢，四個人越來越有默契去完成一件事情，只是要離去的時候忽然聽到中國騎士大叫，回頭看他發生什麼事？原來腳踏車破胎了，可能無法再前進。

還好另外一群不老騎士有人專門在做摩托車維修，三兩下就把中國單車騎士的輪胎補好，突然間四人眞的覺得好幸運，這一路上來似乎都有神明冥冥中保佑，出發前預想會碰見的磨難一件都沒發生，本來想說要住廟裡、要攔大卡車、會破胎等等

微微的海風，瞬間瓦解疲憊

同是傷友的尚竹，招待輪子們到基隆夜市飽餐一頓

煩心的事情，最沒想到的大概就是原來這段旅途並不會瘦身，因爲運動量大，所以每個人的胃口都變得非常好，加上每天長時間的運動，身體的肥肉都變成壯碩肌肉，這也是旅途中意外的收穫吧！

沿著海一路從礁溪騎往基隆，從白日騎到黑夜，越過臺灣最東的燈塔，短暫在福隆吃了知名的鐵路便當，跟中國友人拜別，彎進黑暗的龍洞區，整個馬路沒有任何路燈，卻是滿滿、長長的車龍，每個車燈都照著往前的道路，好似幫我們打通了任督二脈，即使入夜也不需要害怕，不過就在準備轉進基隆市區時，驚覺方羚所騎乘的電動車頭附加的電池已經剩下一格電力，連備用的都已經耗盡，而附近路上的店家都已經差不多關門，眼看就要遇到旅途以來最大的危機了。

遠方天橋的轉角亮著燈，一看前方是戲臺，後面是一家廟宇，柱子旁邊有著充電的插座，於是我們向廟方說明來意，希望可以借電使用，廟方人員善意的回應說就儘管使用，此時四人都已經累到筋疲力盡，紛紛坐在廟前靜坐休息。原本靜悄悄的社區，突然間附近的居民看到雲豪跟方羚在那邊紛紛都過來圍觀，大概是很少看到坐輪椅的人出來背包旅行吧！大家七嘴八舌問起兩人怎麼會來這裡，雲豪向來是四人裡面的公關大使，只要有人在的地方，他都是第一個炒熱氣氛，馬上忙著跟所有在場的鄉親聊起這次旅途的故事，忽然間廟前變得熱鬧萬分，每個人你一言我一語，看到這一幕才了解這趟旅行的眞正意義。

不是要打造一對很幸福又勇敢的輪椅夫妻，也不是要宣傳脊髓損傷者有多麼努力，而是要用實際的行動，走入那些輪椅族未曾到達的陌生地，遇見每個一個人，告訴他們關於這趟旅行的故事，或許有人會覺得不可思議，有些人還是認爲太過冒險，但是四人眞的用十四個輪子走遍臺灣，這趟經歷不是揑造出來的謊言，有些傷口還在，有些汗水已經蒸發，這段歷程會在某些人的內心投下震撼彈，也會驅使他們爲自己的人生做出更勇敢的決定。

結束了廟會前的「輪子出走」說書，此刻已經來到晚上九時，騎行時間早已經超過十二個鐘頭，四個人的體力也到了透支階段，但最終還是抵達基隆的旅館，感謝同是傷友的尚竹贊助，一路上有太多的感恩眞的說不盡。

眞的不要害怕你手中能握住的幸福，有時候當你勇敢了，身邊的朋友也會爲你感到驕傲、跟著一起勇敢，幫助你完成夢想。

飛上天說我願意

3/30 基隆 ▼ 萬里野馬飛行 ▼ 基隆 ▼ 臺北士林

「輪子出走」不只是要踏踏實實地走完臺灣這塊溫暖的土地，也要潛入海底告訴那個拿走美人魚雙腳的女巫，即使你拿走了誰的雙腳，都不能阻止任何人相愛的勇氣；更要飛上天空，向那無邊無際的世界大喊，不管這個世界變得如何，不管明天發生什麼事情，只要一聲「我願意！」就會有人跟你走遍天涯海角，經歷各種磨難，互相扶持。

飛天的任務早已經連絡好野馬飛行的教練群，一早就抵達基地，很意外的竟然遇見大明星宥勝，他幫我們拍攝雲豪在天空中大喊「妳願意嫁給我嗎？」的片段，讓方羚在天空中許下美好幸福的承諾。雪兒跟阿帛在沙灘下面見證了這一刻，旅行的二十二天，每個景點都會拍攝一段求婚影片，就是讓雲豪在臺灣所有的角落向方羚求婚，是那無法說出聲音的海裡，是那高山群聚的清境農場，是那叢林裡的呼喊，無數次的我願意，在這一刻變成了眞實，這不是演戲，也不是行程的一部分，而是歷程淬鍊出來的情感。

總算結束了兩個最艱難的婚紗拍攝，也宣告這場旅行漸漸進入尾聲，阿帛看見方羚跟雲豪兩人彼此深愛對方的眼神，或許有人說他們是天使，但更明白是愛幫助了這對夫妻，也是幫助自己更了解什麼叫做愛情，更能參透那些在過去機構裡面工作的疑惑及無奈，更確定自己做的夢，並不是別人口中的癡想。雪兒望著遠海，想起去年才回到天上的阿樺，這段旅程真的不好走，比起過去任何一段旅行來說都累上千百倍，一路抱著救贖的心情，陪著雲豪跟方羚找幸福的風景，或許不需要再去追究他離開的原因，眼前這對愛鬥嘴的兩人，正是旅行最終的意義。

死亡，不是唯一的選擇。如果每個人都能像方羚跟雲豪一樣這麼認真活在當下，無懼愛情，這世間是否就能減少更多的悲劇？

結束了飛行，返回基隆收拾包袱，從山海間繼續騎回城市，回到叢林水泥的臺北，回到那個熟悉到不行的街道，甚至可能是冷漠的人群，每天都伴隨著夜色前進。就在行經高架路段時，突然間被一個騎摩托車的人攔下來，「前面很危險，你們記得要往市區街道走，不然車很多。」原來是好心的小學老師停下來提醒我們接下來的馬路會很危險。等我們總算過了高架之後，老師已經在前方買好飲料等我們，「這些飲料給你們！加油喔！」事後還幫我們打電話給警察廣播電臺，要所有行經相關路段的人小心禮讓車隊，讓我們無限暖心。

慢慢的我們也找回了相同的步調，彼此的笑容，只是旅程也逐漸走入結尾。

最後一哩路，無比光榮

3/31 臺北 ▼ 總統府 ▼ 士林夜市

抵達松山饒河夜市，轉入臺北市區，最後在士林落腳，路上霓虹閃爍，招牌、路燈把整個街道照得明亮，內心卻不禁升起一股落寞感，原本想是否可以在臺北繼續街頭賣藝籌措旅費，看到這樣似乎也收起了念頭。

回到臺北之後，看著沿路陌生的臉孔，彷彿過去那二十多天旅程都不存在，沒想到「輪子出走」真的繞了一圈回來，回到了熟悉又陌生的城市，這裡是水泥方塊組成的寂寞叢林，隨著紅綠燈走走停停，路邊的車子一輛又一輛呼嘯經過，不再像中南部的民眾般熱情搖下車窗說加油，突然心中有一塊靈魂遺失在某個地方，有著無比的惆悵。

翌日，雪兒跟阿帛一早就督促大家早起，行程單上寫的是總統府，方羚心想要去凱達格蘭大道前拍攝婚紗了，預計大約花半小時左右，從劍潭青年中心騎到臺北車站，當四個人漸漸靠近總統府時，突然馬路中間竄出工作人員，拿著錄影機拍「輪子出走」騎行至總統府的畫面；轉眼間，引導人員還有機構同仁也都在

環島竟然能環進總統府

眼前，方羚疑惑望著阿帛，雪兒催著其他人快點前進，這個意外來得讓方羚跟雲豪不知所措。

是的，這就是爲什麼要從花蓮匆忙趕回臺北的原因，也是這次旅程中最大的驚喜。輪子出走的新聞在早先躍上各大新聞媒體，甚至延伸到海外新聞，而引起了總統府的注意，於是連絡機構的公關，邀請四人進總統府接受祝福。是的，這就是阿帛後半段一直隱藏的祕密，雖然口中常念著「這不是爲了你們的旅行！」但事實上沒有雲豪跟方羚這對勇敢相愛的夫妻，也就不會有這樣的「輪子出走」計畫產生，二十多天的旅途如果沒有兩個人一起攜手堅持走過低潮跟恐懼，也就沒有今天感動人心的故事。

對於雲豪跟方羚來說，這趟輪椅婚紗旅行對自己來說像是夢一般，現在還可以在國家最高領導人面前，見證一百公分的幸福，方羚說，「這比做夢還更美好。」

從總統府前轉進側門，沿著府內導覽人員引導，在百年建築下換上白紗跟西裝，總統輕步從大廳二樓順著臺階而下，方羚跟雲豪兩個人已經戰戰兢兢就定位了，總統先是跟兩位新人寒暄，接下來為兩人批上國旗圍巾，握手獻上祝福。

方羚心想雖然這輩子只能坐在輪椅上感受幸福，但有深愛的男人牽起自己的手，有疼惜自己的家人在身邊祝福，有這麼多好姐妹在低潮時候陪伴，還有同事籌畫這麼棒的環島旅行，此刻很珍惜當下，就不要再回頭看那時候脆弱到想要離開這世界的靈魂了，或許意外造成一輩子無法站起的遺憾，但也成就了未來每一刻值得珍惜的愛。

方羚永遠無法忘記那天的笑容到底有多燦爛，也一直問自己何德何能得以坐在這裡，過去從來都不覺得自己勇敢，現在卻覺得能受傷後為自己勇敢，就是一件最好的禮物。她握著雲豪的手，有點顫抖。「老公，這是真的嗎？」大家都笑了，雲豪也笑了，偷偷捏了方羚的手心說：「會痛嗎？」方羚傻笑著說：「會！」「所以是真的。」雲豪笑說。

夢想或許很遙遠，但能站在這裡就是一種感動。

家就在前方

4/1 臺北士林 ▼ 臺北市立新兒童育樂中心 ▼ 新北新莊

4/2 新北新莊 ▼ 桃園楊梅

原以爲最考驗「輪子出走」的是天氣、是體力、是那些隨時會出現的挫折與崩潰。

天氣太熱好崩潰！

還剩下五公里好挫折。

又下起雨了該怎麼辦？

電池快要沒電了。

雪兒騎不動了。

但是，每當就要停滯不前時，總是會有天使悄然出現，拉下車窗說加油，奔跑到墾丁跟我們拍照，提供免費住宿，幫我們租借場地，熱心的指引方向，甚至打電話給廣播電臺請車輛小心「輪子出走」，是你們這些陌生人成就了這段旅行。

一路上的淚水跟歡笑填滿了整段記憶，離開臺北前我們決定放自己簡單的假期，四個人就騎著單車前往士林的臺北市立新兒童育樂中心，來個完全放鬆之旅。園區免費提供身心障礙者及陪同者進入，裡面充滿了各式各樣孩童的笑聲，雪兒不禁打趣地問方羚：「接下來要跟雲豪生幾個孩子？」「十二個。」雲豪馬上在旁邊搶答，聽得方羚在一旁大笑說：「我是母豬嗎？」

旅途中有好幾次兩夫妻在街頭賣藝，一開始是方羚站在臺上彈著吉他唱著歌，每個人都簇擁著舞臺聆聽她美妙的歌聲，就當雲豪準備好街頭賣藝的氣球後，一窩蜂家長就帶著小孩圍繞在雲豪身邊，只看著方羚在旁邊微笑，「我老公都把小孩帶走了。拿完氣球別忘了回來聽姐姐唱歌啊！」

「我也希望可以生多一點孩子。」方羚嬌羞得說。

「那雲豪要多努力點喔！」阿帛也希望這對新人除了完成這趟旅程外，也可以「意外」引發更多好消息。

或許有些人會懷疑脊髓損傷婦女可以生孩子嗎？事實上，許多脊髓損傷婦女雖然無法正常行走，但是身體裡構造都是正常的，當然子宮也可以受孕生子。只不過脊髓損傷者生育過程比一般正常人還要艱辛，大部分都需要經過人工受孕，十月懷胎的過程中，腹中的嬰兒也比較容易夭折，正因爲母體無法能感覺到下半身痛楚，往往一個不經意就可能流失未出世的嬰兒；生產過程自然也比一般人艱辛，也出自母體下半身沒有任何力氣，最終只能選擇剖腹，但新生命誕生的喜悅，對於每個相愛的父母來說，這些痛苦根本算不了什麼。

兩人在孩童的簇擁跟歡笑聲下，結束了「輪子出走」旅途中最後一個行程，總覺得少了些什麼，太多的感動滿溢在彼此心中，很難用言語一一表達，最終我們就用剩餘的時間，爲這場旅行寫了一首歌曲：〈LOVE RING TAIWAN〉

〈Love Ring Taiwan〉

詞曲：輪子出走

等待這一天，就是這一天
跌倒挫折後再度出發
收拾了行囊，背起了希望
朝著夢想的方向前進

我就是要愛你，我就是要旅行
我就是要不顧一切奔向天際

我就是要愛你，我拚命往前騎
我就是要狂奔到面前擁抱你

Go！Go！Love ring Taiwan，in Taiwan
走遍每個角落創造夢想
不管有多少困難，我都不覺得害怕
愛就是，我唯一的方向

Go！Go！Love ring Taiwan，in Taiwan
為了夢想一起走遍天涯
儘管看不見終點，我也不覺得害怕
有你，有我，愛會變得更堅強（不一樣）

要感謝的人眞的太多，是這些陌生人熱情的雙手撐起十四個輪子的夢想，短短二十五天就像走過了四季般，歷經了寒流跟酷暑、迷路跟吵架，但正因爲一直保持初衷，所以能堅持到最後。

最後一天落腳在三重一家平價旅館，機構的人希望我們中午就可以回到原點，

尚竹特地快遞送來的祝福蛋糕

接受許多人的祝福歡呼，所以一早我們收拾最終的行李，把所有東西放回單車架上，背包已經不像出發時這麼沉重，腳步也不像開始時這麼有力，一千公里的旅行交織成的血淚全都在記憶中，現在我們要踩回原點，卻已經變成了全新的自己。

其實在身心障礙機構工作，第一件事情就是要面對弱勢族群的態度，往往一開始同情，但同情只會把工作者的熱情都燃燒殆盡，因爲想要的太多，而手太小。全臺灣一年有多少個家庭因爲脊髓損傷的意外或病變而支離破碎，這些人最不需要的是同情，過多的同情只是歧視，正常人擁有了他們無法擁有的一切。但如果這個社會多一些關懷，多一些同理，多一些友善，讓坐在輪椅上面的他們都能活得很自然，甚至有一份正常的工作，能夠貢獻自己所學的一切，他們會比任何人還保持感恩的心，他們的家人也能安心地過生活。

最後一天的騎行，頂著炎熱的太陽前進，腦海把所有過去的畫面像是倒帶般一一回顧，直到日落前，最終我們踏上了出發的原點，全身早已滲透汗水，迎接我們的是機構全體職員。

兒童樂園

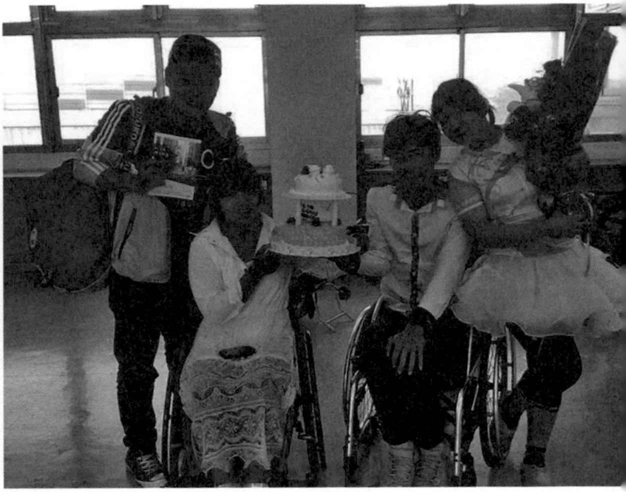

回家了

方羚，不再是那個走不出去的輪椅女孩，牽著另外一半的手，她可以去任何想去的地方。

雲豪，不再是那個酒店沉淪的少爺，雖然失去雙腳的知覺，卻變成生命講師。

阿帛跟雪兒，對於未來想走的路也有了更多的想法。

旅程結束不代表故事結束，抵達終點也是另外一個起點，雲豪跟方羚的愛情故事還會繼續，阿帛跟雪兒的旅程也正要開始。

別忘記，夢想因行動，才會變得眞實。

第四章

信念。

四個人的夢想，感動了全臺灣的人，
原來我們能做的比想像中還多

Love

Ring

Taiwan

別說我們沒有恐懼，也不會害怕，一千公里的騎行像是沒有終點的夢想。

帶著惶恐出發，帶著夢想前進，前方的路或許暴雨，或許烈陽，但趁著自己還有力氣去完成夢想的時候，就義無反顧前進吧！受傷的靈魂會因爲冒險而成長，衆人看我們勇敢，但最勇敢的是我們寫出了臺灣最美好的詩篇。

走出去，才能看見眞實的自己

曾經方羚只想當一個被人寵愛的公主，只要撒嬌就有人會過來抱住，只要生氣就會有人過來安撫，彷彿全世界都由著她的任性，自二十四歲受傷之後才發有些事情只能靠自己堅強，沒人能幫自己。

雖然受傷後曾一度關在房間裡，也懷疑自己是否有工作的能力，當初大學會選擇幼保科就是因爲可以完全不用電腦，受傷後卻要硬著頭皮去學習那些當初排斥的科目，甚至還要硬著頭皮去教導學生，對她來說是很大的考驗。但有些事情不跨出第一步，永遠不會到下一步，慢慢走出陰影才發現原來自己可以開車，原來自己可以在外面租房子，原來自己可以像一般人正常上下班，走進中心後，在這裡的學習的每一天都是感激。

當阿帛說「一起去環島拍婚紗吧！」方羚表面上毫無懸念的答應，內心其實擔心得要死。

環島期間，慢慢脫離受傷後的自卑，開始有了自信，曾經人生就像天堂掉入地獄，每個人看見她的眼光除了同情以外，還是同情。甚至還有小孩在公園裡指著她說，「媽媽妳看她坐在輪椅上。」那個媽媽看了她一眼，回了孩子一句，「如果你以後長大做壞事，就會變成這樣！」這句話就像一根尖銳的針刺進她內心最痛的地方。「姐姐沒有做錯任何事情，也沒有做任何壞事。」她在內心吶喊了數千遍，卻一個字也無法說出口，

與親愛的媽媽

眼睜睜的看著別人對自己的誤解，彷彿坐在輪椅上是自己造的孽，但這場意外她從來也不想發生，到底要跟誰證明坐在輪椅上不是任何人的錯。

二十五天的輪椅旅行是人生中意外的旅程，光用想的就覺麻煩，無奈同事熱情的邀約，自己又硬著頭皮答應，最後也不得不出發。總覺得兩天後就會想要放棄，然後告訴別人：「對！這對坐在輪椅上的人來說太困難了！而且帶著尿布出來旅行果真是天大的麻煩。」直到出發後才發現，原來不用帶這麼多東西也可以旅行，遇到麻煩總是有辦法解決。

出發後第一天就遇到寒流，第三天就感冒送急診室，回想起旅程，每一天幾乎都在跟老公吵架，總不可能把所有怨氣出在別人身上，吵架完都想大叫放棄，

大喊離婚，但是看到阿帛跟雪兒疲憊的臉孔，就默默把「放棄」兩個字吞回去肚子；看到老公不時貼心得關心自己的身體狀況，就把「離婚」念頭減少幾次。

旅途的中間遇到衛服部的公文檢舉，由於四個人裡面只有方羚是申請政府補助的方案，不得不聯想到是針對她而來，原本一路上就很不順利，雪兒的臭臉，阿帛的指責，老公的白目，每一個瞬間都在挑戰微弱的神經，但更想證明，「姐姐雖然坐在輪椅上，但我從來沒做錯任何事情，而且還可以做更多事情。」

大哭後，擦乾眼淚，穿上婚紗就努力擺出幸福的姿勢，經歷了風吹、日晒、雨淋、寒流、風吹沙、道路顛簸等等，說真的她長大到現在還沒這麼辛苦過，以前只要一生病就只想待在家裡休息，但想到這麼多的志工、朋友、家人都不計任何代價幫助自己完成夢想，那她憑什麼要當一隻老鼠躲在陰暗的角落，怎麼能一直拿自己的身體受限當作藉口？

在清境農場親手拿飼料餵羊，在墾丁的白沙灣邊化身美人魚，拯救旁邊那個讓自己又氣又笑的王子，二十五天的旅程讓方羚發現有些事情錯過就不再來，放棄後就不會有下一次的機會，盡自己的能力去追求人生最大的幸福，實現自我的目標，才是最重要的事，不再受困身體的缺陷，還有那自卑不安的靈魂。

「走出去才能看見更好的自己。」經過這趟旅行，她最想說出這句話。原本擔心害怕在眾人面前表演會出錯，不過旅程中也只能硬著頭皮上，也因此跨出那

回來後，方羚繼續幫助中心推廣活動

步後重新愛上唱歌；原本擔心身體狀況，沒想到身體受限的自己沒有那麼脆弱，反而認清楚不能拿殘缺當作拒絕出走的理由。

輪椅走過的風景是這麼的眞實，同時發現了自己可以擁有不同的堅強，與相愛的人一起牽手走過二十五縣市後，發現了給了彼此繼續活下去的勇氣。

結束環島後，方羚面對未來變得更勇敢跟堅定，在工作上積極努力，熱衷參與脊髓損傷公共事務的宣傳活動，態度決定未來，她不再對工作抱怨，反而會利用時間去學習更多的專業，想爲更多脊髓損傷的患友盡一份力量，協助他們順利考取證照，推介職訓或職場，沒有時間自怨自哀，做什麼事，就用什麼態度去面對！眼前最重要的就是好好過接下來的人生，雖然許多研究都說脊髓損傷者的平均壽命都比正常人來得短，病痛也比較多，但你不去把握生命中的每一天，沒有人會替你過日子，多高興能在受傷後遇見了老公雲豪，多感激能有阿帛跟雪兒陪著走這趟短短的，卻記憶深刻的環島旅程，即使兩個人結婚後生活條件都不如一

走出去，才能看見真實的自己

跨出那步後，重新愛上唱歌

般的上班族，但還是想要一個完整的家庭。

環島讓方羚最大的心願是擁有一個自己的孩子，然後等孩子大了，跟爸爸媽媽坐著輪椅，再帶著他一起去走那一年環島走過的路，然後告訴他，「你的到來，是爸爸媽媽一生最好的禮物。」

不要對未來抱持著害怕，即使殘缺，也能爲自己安一雙翅膀，恣意飛翔。

環島結束後，方羚已經懷孕，預產期是二〇一六年六月。

找回生命的價值

自小，雲豪就是一個令人頭疼的孩子，父母早年的離異讓他對於婚姻沒有太多嚮往，畢業之後踏入燈紅酒綠的世界，也跟好幾個不同的女孩交往，從來沒想過要定下來，二十九歲那年的車禍，讓他的生活瞬間從彩色變成了黑白，原本迷惘的人生變得更加不知所措，像是掉進一個深不見底的黑洞，不知道明天醒來之後該往哪裡走。

「原來人可以活著這麼沒有價值！」回想受傷後兩年的時光，那時候自暴自棄到像一個廢物，連家人都快要放棄自己，有時候都覺得活在這個世界像個垃圾，不停得問爲什麼當初那個垃圾車沒有一次狠狠地把自己撞進地獄，卻變成了要死不活的半死人，意外奪去雙腿，卻留給自己知覺，每天只想用酒麻醉自己的意識，最好有一天能睡著了就不用醒來。後來到脊髓中心接受訓練之後，看見了一個個比自己殘廢更嚴重的人都不放棄活下去的希望，突然覺得狠狠得被現實打了一巴掌，如果他們都不放棄自己，爲什麼自己要先放棄自己，才開始打起精神重新振作，告訴自己「拜託！楊雲豪，不要再當縮頭烏龜了，好嗎？」

老婆發燒，雲豪心急如焚

細心呵護、照顧老婆

遇見方羚，是雲豪這一生最大的轉折點，她走進了自己的人生，讓原本完全沒有方向跟希望的他，開始有了想要一個家的夢想，他的溫呑配上開朗積極的方羚，就像磁鐵的正負極一般熱烈吸引彼此的存在，爲了彼此有了豁出去的決心。

關於此行從開始到結束雲豪都很猶豫，一來是方羚毫不猶豫地答應，雲豪也只能勉強說好，手中要忙的工作都做不完，更何況花一個月的時間去做這麼艱難的旅行。事實上，雲豪根本不喜歡旅行，長這麼大連屏東的墾丁、南投的清境農場都沒去過，只不過看到方羚獨自嫁給兩手空空的自己，連一個家都無法給她，心中充滿虧欠。心想如果旅行拍婚紗是方羚的夢想，那麼自己再苦再累也要陪她一起完成。雖然時時刻刻都在禱告這次旅行不要成行，但最終四人還是在寒流中出發，出發的一個小時，雲豪就告訴雪兒：「我想放棄！」肩膀上的背包太重，擔心隨時爆胎，寒風吹到身體感到刺骨，

自己就像一個拖油瓶阻擋這一次的旅行。

每一次要放棄的時候，阿帛就會用激將法逼雲豪不准放棄，雪兒也會貼心地將過多的行李分攤給其他三人，方羚則是不停握住雲豪的手，默默的守護在雲豪後面，不離不棄。雖然肩膀已經印出兩條重重的壓痕，雙手無力再繼續推動，仍咬牙前進，才發現最難過的這關是自己。

最令雲豪印象深刻的，莫過於在清境農場拿飼料餵羊吃，還有在路邊跟自己熱情招呼的阿伯跟阿婆，以及不遠千里特意來幫自己加油打氣的粉絲以及同學，曾經的浪蕩少年，何德何能有這麼多人幫自己的夢想加油？那些走過谷底的幽暗瞬間得到了償還，看見妻子方羚的笑容，彷彿指引著他未來的人生道路。「是的，如果像自己這種走過地獄的人都能重拾人生，得到幸福，那麼就沒有人可以輕易放棄生命的價值跟幸福的勇氣。」雲豪經過這段旅行後，更堅定未來的人生信念，也期許用自己的故事，激勵更多曾經像自己迷惘的少年，還有對生命失去熱情的傷友。

再累也要陪他一起完成

沒有人可以放棄你，除非你先放棄了自己。人生的路本來就艱難，但最難的是你不願意走出艱難，面對人生。

結束了環島之後雲豪感覺得到了更多的勇氣，相信這麼艱困的旅行，夫妻都一同走過了，那麼未來兩個人更能珍惜彼此，也對方矜許下了心願，下一次會帶她去更遠的國家，然後帶著兩人的孩子走回相愛的路途，對他來說沒有輪子到不了遠方，只有自己不願意走的路程。

一趟旅行，找回生命的信念，以及對愛的堅持。而曾經的浪蕩少年，也因禍得福，找回了人生最棒的價值，珍惜眼下的幸福。

歸來後，砍掉重練

旅程的結束，對雪兒來說也意味著人生一個段落的結束。

畢業後輾轉在非營利組織裡面擔任社會企業的工作，曾經她付出熱血青春，也患得患失，這份工作在初期一直困擾著雪兒，每當朋友問起：「嘿，妳的工作是什麼？」無論她怎麼解釋，都只會換得對方一知半解的表情，得到一句她最不想聽的答案，「妳好有愛心喔！太偉大了。」

此時，她的內心早已經不知道翻了多少白眼，不管從是什麼樣的工作，最重要的還是專業跟經驗，不是因爲氾濫的愛心，即使如此，她也不知道該怎麼去跟身邊的人解釋每種工作的專業都需要被尊重，只是碰上了非營利組織，大眾的想法就變得很片面，包括幾個關鍵字：捐款、弱勢、低收入戶、可憐跟該死的愛心等等。當然人面對比自己弱勢的族群，善良的意識會告訴你請伸手去幫助他們，但是當你已經投入到完全弱勢的環境裡面服務，持續這樣的意識只會讓自己變得弱勢，過多的同情只是消耗自己的善良，還會變成另類的歧視。

踏入社會福利機構工作，跟之前業界完全不一樣的工作氛圍，不再是利益導向，沒有人天天追著你要營業報表，但這裡有一群渴望被社會價值尊重的身心障礙者，他們曾經在人生的路上因爲脊髓損傷的意外重重摔了一跤，卻不想因此就被社會遺忘在陰暗的角落，雪兒知道這群人非常需要借重自己在業界的經驗，因爲他們很努力地想告訴全世界，他們也可以寫程式、製作網頁。

讓一群連程式都寫不好的團隊從零跨越到一，眞的不是簡單的任務，但總會有人願意提供機會，重要的是怎麼利用每一次的機會創造出下一次的機會，於是幾個臭皮匠加上她，就開始打造了一個不可能任務的團隊，曾經幾個人幾天不休息只爲破解簡單的程式BUG，也曾經因爲錯誤連篇而被客戶罵到臭頭，慢慢地這些人也上了軌道，不再是吳下阿蒙。

不過非營利組織跟營利組織不一樣的是，團隊目標總沒辦法很明確地設定，有些人希望團隊可以創造高度利潤，有些人希望創造更多工作機會給傷友，有些人希望轉型成爲眞正的企業，但是卻沒有相對提供的資源，然而每一年都有人因意外受傷，卻不是每一個受傷的患者都這麼拚命想要爲自己成就社會價值。雪兒在拚命創造團隊價值的同時，也消耗自身的熱情，甚至慢慢忘記初衷，困難的是連放下工作都不容易。

三十歲那一年在機構工作第六年，她發現工作的熱情也差不多被消耗殆盡，有種無法再繼續的困擾，卻仍捨不得放下身邊一起打拚的夥伴，會不會團隊少了她之後，就要解散了呢？事實上，許多人在非營利機構工作往往要的不是名跟利，身邊一個又一個好友走進了禮堂，一個又一個站在職場的高峰，她的未來好像卡在人生的瓶頸，要繼續還是離開？是個令人困擾的問題。原本想創造一個對於身心障礙者更好的工作環境，也想幫助這些人生中途受挫的人們可以走回職場這條路，但工作越久越覺得自己無法繼續，這不是靠專業跟經驗就可以勝任的。

於是跟公司告假了一年跑去國外打工度假，從長途旅行中慢慢找回初衷，不去比較人生的成功勝利到底是該是什麼模樣，去清楚自己想走的路比較重要，於是帶著抱負回來，或許是期待太多，也跌得很深，慢慢清楚有些事情不是執著就會有好的結局。

這一份工作對她來說最艱難的莫過於面對生死，雪兒常自嘲：「我的工作中，每一年都有人用不同的方式自殺。」常有同事跟她說下週見，然後轉身後一輩子就不見，許多人都說要用同理心去感受對方，但身爲一個正常人，有時候也無法體會時時被病痛折磨的精神，感受太多，也對於人生有了不一樣的想法。

在業界，雪兒的脾氣曾經是出名的壞，總是把同事逼到半夜還在爆肝寫程式，追求極致效率，到了這裡看見這些在逆境飛翔的脊髓損傷者，懂得不是每個人都追求飛越高峰，有時候能擁有一個活下去的理由，就已經很足夠。她眞心喜歡這群一同打拚工作的夥伴，也想讓大家都擁有更好的未來，只是有些事情錯過了就無法挽回，包括夥伴的自殺。

帶著贖罪的心情走了這二十五天的旅程，不同於方羚跟雲豪的幸福，阿帛的堅持，一路上總有說不出的惆悵，但或許也是因爲他們在身邊嬉鬧，慢慢的從旅程中看見了自己的路途，沒有放不下的過去，只有放不下的自己；沒有放不下的工作，當路無可眷戀的時候，往前走才會有期待。而累積多年的文字經驗，以及豐富的旅遊故事，慢慢在旅遊部落格圈闖出一片天空，也將這些旅行記憶的片段集結成一本新書《能不能，轉身就遠行？》，在環島結束後正式發行，而她也看見了自己未來眞正想走的路。

帶著贖罪的心情出走，即使再辛苦也要繼續下去

結束「輪子出走」後，雪兒再一次提出辭呈，將這個一手從零打造的團隊交棒給另外一個人，這項舉動無疑是自廢武功，但經過這趟旅行之後，她明白一件事情，身心障礙者眞的沒有想像中脆弱，不需要把所有條件都設定在最好的狀況，再劣勢

為什麼要堅持下去？或許就是想看見終點的模樣

的環境，只要種下一顆堅毅的種子，仍然會在沙漠中開出花朵。

離開，不需感傷，也不要有遺憾，因爲人生最好的風景就是往前走。

未來她想用旅行淬鍊文字，用經驗去協助更多困惑、或需要幫忙的人們，人生不好的過程是經驗，好的是精采，每個人都應該努力去創造屬於自己的精采。就像旅途中那些幫助「輪子出走」的善良人們，也開始去創造屬於自己的價值，而過去這些人生經驗，會幫助未來開出更美好的花朵。

一種執念，化爲美好

「人生嘛！」阿帛最常掛在嘴邊的一句話。

年紀輕輕的他總有著老人的思維，自小就是個充滿奇怪想法的孩子，並且只要決定了，就會一股腦兒得栽進去，即使失敗了，一句「人生嘛」，就當作是生活的經驗，活著不就是應該是這樣的多彩豐富嗎？也因此發覺了許多自己的韌性，這次的活動也是突發奇想，倒也沒覺得非要做不可，但別人越是不看好，自己越覺得非做不可。

還記得當初在提計畫時，身邊的人有各式各樣的疑問，甚至要求他別癡心妄想，看著他這麼堅持不懈，說：「那麼就晚點辦吧！下半年度也好啊！你知道今年公關活動滿檔，你一出去誰來做這些工作？」阿帛聽完只丟下了一句話：「不去，那我離職。」這樣的任性總讓人拿他沒轍。二十五天的旅程轉眼間就結束了，阿帛很慶幸自己當初的任性，更慶幸當初堅持不用募款來完成這趟旅程，只靠著四個人一路的賣藝唱歌、折氣球、分享故事籌措旅費，雖然這一路上許多辛苦曲折，但也讓許多人不帶任何異樣眼光，看見了輪子出走。

四年前進入脊髓損傷潛能發展中心擔任專員，只是依照每年的募款活動、專案計畫去完成每一個任務，每次的活動文宣、中心的刊物也由他設計，對於這份工作其實也不像外人以爲的是充滿愛心，或者是有多想幫助人，只是希望在這邊工作的同時，能夠一邊完成自己在樹德科技大學人類性學研究所的研究論文，直到擔任了主管之後，才開始去思考，這份工作需要帶來什麼？

「一直向別人募款是對的嗎？」

「人家憑什麼幫助你？」

「世上那麼多需要幫助的人，人家爲什麼要選擇你？」

這樣的聲音常常在阿帛心中冒出，其實社會上半數人根本就不知道「脊髓損傷」是什麼？這麼多人不認識你，你要人家怎麼幫助你？在募款的過程中，常常也是吃閉門羹，把問題倒過來，如果換成是我，會想要幫助他們嗎？答案不是肯定的。另外自己也肩負宣傳公關的角色，旁人總覺得把媒體找來，採訪、報導脊髓損傷者的公益新聞是你的責任，但事實上，公益團體這麼多，爲何會有人要報導你們呢？「媒體是你說來就來的喔！」阿帛常常不斷冒出呢喃。

一直出現這樣鬼打牆的疑惑，心中莫名的任性又開始了，「你們要報導是不是？」規劃隔年年度計畫時，剛好遇上同部門的雲豪娶了同事方羚，在得知這小子沒錢拍婚紗之後，鬼點子就立刻出來了，脫口而出：「我帶你們去環島拍婚紗，怎麼樣？」

「你們要報導是不是？」任性聲音不斷在腦海裡出現。

「這不是天時地利人和嗎？」突然炸開。

「那就讓我完成大家的夢想吧！」有一種非做不可的念頭。

於是一個執念，延伸出了自己都無法掌控的旅程，只爲完成心中的善念，這樣讓更多人看見的美好，爲什麼不去執行呢？可以幫助傷友圓夢，同時又能讓更多人看到脊髓損傷的故事，這才是四年來自己所需要做的核心價值。

一種執念，化為美好

結束了二十五天路途，一切都這麼不眞實，回來後的日子雪兒離職了，繼續了她的旅行人生，這這讓從小就想當環遊世界流浪漢的阿帛羨慕不已，過去阿帛不只一次有想離職的念頭，畢竟在非營利組織工作必須消耗大量的熱情，看見有些弱勢團體會覺得接受別人的幫助是應該的，但事實上沒有誰

理所當然要幫助誰。在二〇一五年底也遞出辭呈，原本希望就此展開自己的流浪日記，卻又投入了另一個不同性質的非營利機構，一家剛成立的贊助型基金會，面對可以去實現更多心中奇怪想法又能幫助人，阿帛決定先接受這樣的挑戰，流浪生活只好暫時先緩緩了，只能依然維持一年多次的旅行計畫；同時，二〇一五年阿帛又進入世新大學非營利與社會企業在職碩士班就讀，心想人生就該這樣的精采。

旅程的結束，不是終點，是四個人的另一個起點，就像太陽西下之後，隔日又會旭日東升，也感謝方羚及雲豪兩人，讓阿帛重新燃起熱情與希望，雖然在這趟旅程中一度覺得自討罪受，但很開心方羚跟自己一樣的任性，而有雲豪貼心的陪伴，也讓阿帛重新找回非營利組織工作的初衷，完成也許這輩子都不會再有相同經歷的旅程。

或許你現在做的，不會有人認同，但當你不斷顛覆自己、挑戰自己，那麼明天，就會有比今天更多的與眾不同。

沒有人需要認命

總有人把人生的好壞歸咎於命運，含著金湯匙出生，將來就飛黃騰達，出生在窮鄉僻壤，一輩子就無法出頭天，告訴你命運決定一切，但眞的是這樣嗎？

在身心障礙福利機構裡面，有著非常多於命運裡面跌倒的傷患，這些人大部分在受傷之前都擁有美好的彩色人生，如果方羚沒有從樓梯跌下來，或許現在早已經嫁作人婦，生了數個小孩；如果雲豪沒有騎著摩托車被撞到，或許現在還在酒店裡面端盤子，過著每天不知道天亮的生活；如果士豪當初沒有起身阻止搶匪擋下子彈，或許現在已經是委內瑞拉的大學畢業生，或許雲林的建興大哥沒有受傷，現在是個能幹又多產的農夫。

人生沒有如果，已經發生的事情沒有倒退鍵，也無法選擇刪除。你能選擇的就是面對眼前的挫折，接受現實，然後想辦法突破現狀的困境，不是想著走回過去的光景，因爲時間不會倒流，只想著過去的人，是不會快樂的。

當然每個走過困境的人，都必須經歷一番寒徹骨，那是一條很孤獨的路，並不是那麼多人懂著受傷後的害怕跟委屈，或者總有人以過多的同情看著你，以爲

活在挫折的人都過得很可憐，但那些人看見的只是一部分的困境。

眞正的困境從來不在外表，而是在心裡；讓我們向命運低頭的往往都是心魔，不是挫折。事實上，沒有人必須認命過日子，因爲命是你的，日子也是你的，怎麼活也是你選擇的，不是命運選擇的。

就像這次的計畫，如果不是雲豪跟方羚面臨沒錢拍婚紗照的困境，那麼阿帛就無法想到以這樣的方式，告訴世人輪子出走的故事；如果阿樺沒有離開，就不會激發雪兒想要代替他看更多風景的心願；不會遇見出發後每一個伸出雙手的人，每一個對我們微笑的人，每一個在街頭賣藝時投下零錢的人。

命運的困境靠自己去打破，或許剛開始這四個人都不相信自己能完成這趟任務，但是最終他們走完這趟旅行了。

靠的不是命運，是毅力。

靠的不是別人，是自己。

靠的不是努力，是堅持。

能改變命運的是選擇，是行動，是嘗試。

每個人聽到阿帛提出「輪子出走」的計畫都覺得是癡人做夢，要坐在輪椅上的兩夫妻用前面掛著手搖及電動車頭騎行整個臺灣，想想眞是天方夜譚，一般輪椅族走在大馬路上都困難重重，更何況是在車水馬龍的街道呢？許多人總是會先把問題擺在前面，一個問題兩個問題，各式各樣的問題就像無止盡的關卡，正告訴著你：「不可能，不要去浪費時間去做。」「不可能，既然都已經變成這樣，爲什麼就不好好認命過接下來的人生。」

但是，什麼樣的人生才叫做認命呢？難道受傷之後丟給家人跟社會扶養才叫做認命？常常「認命」兩個字就像讓人進了一個四面都出不去的框架，因爲每一條路的守門員都會告訴你：「這一條路不適合你走，你還是回到自己適合的位置。」或是「安逸待在原處也是一條路，你都已經這樣了，爲什麼還要造成別人困擾呢？」

不過沒有一個人天生就知道自己適合什麼位置，受傷之後也是一樣，出發從來不嫌晚，挫折後站起來看見的風景會與別人更加不同，如果你從來沒有堅定地踏出「認命」這兩個字，你就不會知道自己的命運究竟長什麼模樣。

這條路比想像中陌生，但眞的到了阻礙的關卡，所有問題都沒有想像中這麼難以過去。

出發後四人變得異常出名，第一次上了媒體新聞，第一次上了全國各大版報紙，第一次被這麼多粉絲追捧，好似把人生推到另外一個高峰，只是實際的旅程並不如大家眼中那麼光鮮亮麗，更不是有些人口中所說：「不用工作去旅行，眞好。」計畫是放方羚跟雲豪兩人拍攝幸福美麗的婚紗照片，但卻是用最克難的方式進行自助拍攝，過程間有許多志工跟朋友都熱情協力幫助，那個當下卻往往困惑於人與人之間的感情，不是每一種幫助都是好的，有些幫助會讓你感到墮落。

過程中越是碰到磨難，越是心力交瘁，才發現眞正的關卡不是想著如何跳過去，而是如何想辦法繞過去。即使看不到夢想的終點，但持續走在這條路上，就一定就可以克服。

有些事情不去做，就永遠不會去做了，明知道不可能，但還是願意去相信！沒有人需要認命，因爲命運永遠都是人去創造出來的結果。

天堂不在遠方

二十五天的環島旅行，像是一場人生的試煉，誰都沒辦法說接下來會不會發生什麼樣的意外，只知道輪子能到哪裡，四個人就會到哪裡，雖然剛開始眞的很想要放棄，天寒地凍的怎麼叫人繼續下去。只不過就這樣停了嗎？更多的是不甘心，因爲當你踏出來了之後，才會發現原來勇敢不是嘴巴說說就好了，而是站在路上自己感受到的。

雪兒第一次抬著數十公斤的單車從A月臺到了B月臺，騎著小折單車就橫跨大肚山；阿帛第一次在沒有人的火車站組裝單車，事實上那也是他人生中第一次組裝單車；方羚第一次在街頭賣藝，對這麼多不認識的路人唱歌，甚至講起自己受傷的故事；雲豪第一次到臺灣許多景點，包括墾丁、清境農場，那是他從未到過的陌生城市。

我們共同經歷了許多人生的第一次，也努力跨越了這樣的第一次，每一次跨越都告訴自己，原來自己比想像中還要厲害，人生也沒有過不去的關卡。這次旅行也考驗著彼此的默契，相處的脾氣，這個任務必須四個人才能完成，不是誰幫誰圓了

我們完成彼此的夢想了！

夢想，而是一同完成彼此的夢想。

阿帛的堅持、雪兒的獨斷、方羚的任性、雲豪的龜毛個性，都曾尖銳地傷了彼此的心；阿帛的貼心、雪兒的細心、方羚的開朗、雲豪的勤奮個性，也在彼此的缺失中互補。

或許我們真的是最有事的環島團體，卻也是一個好到天衣無縫的輪子團體。

本來想要計畫，結果最後也沒計畫，

往往在大半夜還沒找到合適住宿。本來想要去很多地方，結果最後也放棄了很多地方，往往現實會給你一大巴掌。本來以爲人多幫忙後會比較輕鬆，結果更容易手忙腳亂、更不知所措。本來想最難撐過去的是體力這一關卡，結果每一個山峰都征服了，發現自己能做的其實很多。

有太多的本來，都在旅途中一一打破所謂的原則。別說過程中沒有衝突，只是明白有一種「堅持」。每個人想要的東西太多，但是雙手能觸及的範圍有限，必須在爭執中找尋平衡點，用包容讓彼此的心更靠近及了解。沒有可不可以，只有願不願意，連正常人都很難辦到的，我們卻都做到了，走得慢又如何，至少到下一站的路牌就好，不太會騎車又如何，至少會注意交通安全就好。

不能站起來又如何，至少輪子能到的地方就是天堂。

這個世界眞的很大，當你走出去之後才會發現，根本沒有時間對那些小到不能再小的問題悲傷，人的生命眞的很短，當你用力去活出自己時，根本沒有時間煩惱那些旁人的耳語。

當你帶著勇氣出發，帶著故事回來，有些事情就不像當初還未出發前所想像的那麼困難了。

3/9

行程 桃園楊梅 ▶
桃園新屋綠色隧道 ▶
新竹南寮漁港 ▶ 新竹火車站 ▶
苗栗三義火車站

騎行 約 50KM　火車 新竹 ▶ 三義

住宿 F Hotel 三義館

婚紗拍攝

永安漁港綠色隧道

3/10

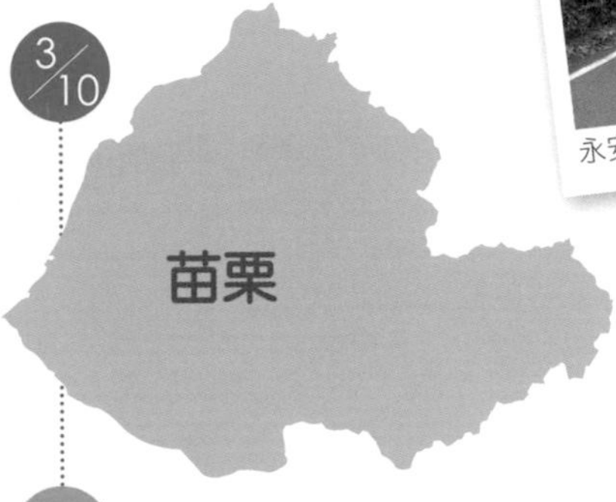

婚紗拍攝

勝興車站

行程 苗栗三義火車站 ▶
勝興火車站 ▶
臺中大甲鎮瀾宮

騎行 約 50KM

住宿 大甲鎮瀾宮

大甲鎮瀾宮

3/11

行程 臺中大甲鎮瀾宮 ▶ 東海大學 ▶ 臺中火車站

騎行 約 50KM

住宿 西苑旅店

東海大學路思義教堂

3/12

行程 臺中火車站 ▶ 南投寶島時代村 ▶ 臺中歌劇院

騎行 約 20KM

交通 志工接送

住宿 西苑旅店

臺中歌劇院

寶島時代村

3/13

行程 臺中火車站 ▶ 南投清境農場 ▶ 南投老英格蘭旅館 ▶ 彰化

騎行 約 40KM 交通 愛玩客志工接送

住宿 彰化全臺大飯店（翔勁金屬贊助）

婚紗拍攝

清境農場

老英格蘭莊園

3/14

行程 彰化 ▶ 扇形車站 ▶ 田尾公路花園 ▶ 西螺大橋 ▶ 雲林

騎行 約 55KM 交通 志工接送

住宿 雲林觀月商務旅館（永富傳統製鼓贊助）

街頭賣藝 田尾公路花園 婚紗拍攝

彰化扇形車站

3/15

行程 雲林斗六 ▶ 崙背鄉拜訪種菜傷友李建興 ▶ 古坑綠色隧道

騎行 約 55KM

住宿 雲林觀月商務旅館（永富傳統製鼓贊助）

街頭賣藝 古坑蜂蜜故事館

雲林觀月商務旅館

3/16

行程 雲林斗六 ▶ 嘉義市檜意森活村 ▶ 嘉義市中正公園

騎行 約 50KM

住宿 承億文創旅館（康揚輪椅贊助）

街頭賣藝 嘉義市中正公園

婚紗拍攝

檜意森活村

3/17

行程 嘉義市 ▶ 臺南市

騎行 約 80KM

住宿 臺南市勞工育樂中心（臺南市政府贊助）

3/18

行程 臺南市 ▶ 四草綠色隧道 ▶ 夕遊出張所 ▶ 安平樹屋 ▶ 臺南市文化中心

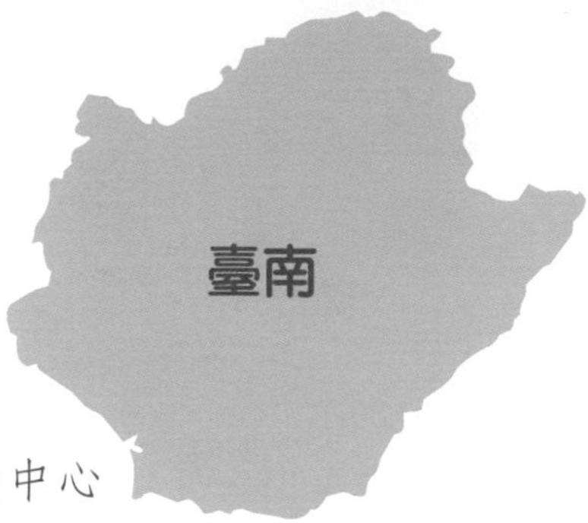

騎行 約 35KM **住宿** 臺南市勞工育樂中心（臺南市政府贊助）

街頭賣藝 臺南市文化中心

婚紗拍攝

四草綠色隧道

安平樹屋

3/19 **行程** 臺南市 ▶ 奇美博物館 ▶ 高雄市

騎行 約 40KM **交通** 捷運

住宿 高雄市勞工育樂中心（高雄市政府贊助）

婚紗拍攝

奇美博物館

3/20

- **行程** 高雄市 ▶ 拜訪傷友董茲正夫婦 ▶ 駁二特區 ▶ 新光三越
- **騎行** 約 20KM
- **住宿** 高雄市勞工育樂中心（高雄市政府贊助）
- **街頭賣藝** 新光三越

駁二特區

3/21

- **行程** 高雄 ▶ 臺中大甲鎮瀾宮 ▶ 高雄
- **住宿** 高雄市勞工育樂中心（高雄市政府贊助）

大甲媽嫁女兒

3/22

- **行程** 高雄 ▶ 屏東恆春 ▶ 墾丁
- **騎行** 約 20KM　**交通** 愛納車隊志工接送
- **住宿** 墾丁民宿

3/23

行程 墾丁 ▶ 水到魚行浮潛館 ▶ 白沙灣 ▶ 墾丁

騎行 約 20KM

住宿 墾丁民宿

婚紗拍攝

白沙灣

3/24

行程 墾丁 ▶ 枋寮 ▶ 臺東

騎行 約 60KM

住宿 臺東可樂旅社（可樂旅社贊助）

3/25

行程 臺東 ▶ 臺東鐵道藝術村 ▶ 採訪傷友林彥穎及陳富貴 ▶ 臺東鐵花村

騎行 約 30KM

住宿 臺東可樂旅社（可樂旅社贊助）

街頭賣藝 臺東鐵花村

婚紗拍攝

臺東鐵道藝術村

3/26

行程 臺東 ▶ 關山紅石部落

騎行 約 55KM

婚紗拍攝 關山紅石部落

關山紅石部落

3/27

行程 臺東關山 ▶ 花蓮玉里 騎行 約 60KM

住宿 和平大飯店

婚紗拍攝

伯朗大道

3/28

行程 花蓮玉里 ▶ 宜蘭火車站 ▶ 宜蘭礁溪

騎行 約 25KM 火車 玉里 ▶ 宜蘭

住宿 礁溪旅社

婚紗拍攝

玉里火車站

幾米廣場

3/29

行程　宜蘭礁溪 ▶ 北海岸 ▶ 基隆

騎行　約 100KM

住宿　大華旅社（柯尚竹贊助）

婚紗拍攝

北海岸

3/30

行程　基隆 ▶ 萬里野馬飛行 ▶
基隆 ▶ 臺北士林

騎行　約 35KM

住宿　劍潭青年活動中心

婚紗拍攝

野馬飛行

3/31

行程　臺北 ▶ 總統府 ▶ 士林夜市

騎行　約 20KM

住宿　劍潭青年活動中心

婚紗拍攝

總統府

4/1

行程　臺北士林 ▶ 臺北市立新兒童育樂中心 ▶ 新北新莊

騎行　約 20KM

住宿　上格飯店

婚紗拍攝

臺北市立新兒童育樂中心

4/2

行程　新北新莊 ▶ 桃園楊梅（回家）

騎行　約 50KM

眾家媒體採訪

電視採訪

・三立新聞・東森新聞・大愛新聞・TVBS 新聞・民視新聞

・華視新聞・中視新聞・中天新聞・原住民新聞臺

・南桃園電視臺・南投電視・民議新聞

平面媒體

・自由時報・中國時報・蘋果日報・聯合報・青年日報・中央社・大成報・單車時代

・今日新聞・壹週刊・關鍵評論網・YAHOO 奇摩・新浪網・PCHOME

海外採訪

・星洲日報

感謝一路有你相扶持

租借單車維修　淡水單車環島教室胖哥．捷安特新竹、臺中大甲門市

協助志工　Andrew．Adam．陳雅韻．林湧群．唐儀齡．蔡清波．紅毛．蘇育民及愛納車隊．Precha Fan、Silvia Lee．阿賢．101車隊．宥勝．阿任．顏羽婕．老牛與阿罵．謝玲玲．唐琇雅．愛玩客車隊．游士凡．Gary G Photo．林國欽．Rico．女王駕到ㄅㄧㄤˋ．水到魚行浮潛館．韓教練．Fish Vicky Wong．寶咪貝娜紗．Bonanza整體造型工作室．陳智虹．LEO TSAI

婚紗提供　新竹米蘭婚紗．華納精品婚紗．幸福角落工作室．彰化婚禮職業工會

場地租借　寶島時代村．老英格蘭莊園

提供表演場地　田尾公路花園．嘉義中正公園．臺南市政府．高雄新光三越．臺東鐵花村

提供住宿　**臺中**－大甲鎮瀾宮育幼院　**彰化**－翔勁金屬　**雲林**－永富傳統製鼓
嘉義－康揚輪椅　**臺南**－臺南市政府　**高雄**－高雄市政府
臺東－可樂旅社、方羚媽媽　黃美珠　**基隆**－柯尚竹

財團法人桃園市脊髓損傷潛能發展中心全體員工

所有一直關注「輪子出走 Love Ring Taiwan」的粉絲，及在路上幫我們加油打氣的你們！

國家圖書館出版品預行編目資料

輪子出走：沒有跨不過去的障礙，只有跨不過去的自己
/ 雪兒、粱帛、雲豪、方羚 著. -- 初版. --
臺北市 : 華成圖書, 2016.03
面 ; 公分. --（閱讀系列 ; C0348）
ISBN 978-986-192-275-1（平裝）

1. 臺灣遊記

733.69　　105000435

閱讀系列　C0348

輪子出走：沒有跨不過去的障礙，只有跨不過去的自己

作　　者／雪兒、粱帛、雲豪、方羚 著

出版發行／華杏出版機構
華成圖書出版股份有限公司
www.far-reaching.com.tw
11493台北市內湖區洲子街72號5樓（愛丁堡科技中心）
户　　名　華成圖書出版股份有限公司
郵政劃撥　19590886
e-mail　huacheng@farseeing.com.tw
電　　話　02-27975050
傳　　真　02-87972007
華杏網址　www.farseeing.com.tw
e-mail　fars@ms6.hinet.net
華成創辦人　郭麗群
發 行 人　蕭聿雯
總 經 理　熊　芸
法律顧問　蕭雄淋．陳淑貞

總 編 輯　周慧琍
企劃主編　蔡承恩
企劃編輯　林逸叡
執行編輯　袁若喬
美術設計　林亞楠
印務專員　何麗英

定　　價／以封底定價為準
出版印刷／2016年3月初版1刷

總 經 銷／知己圖書股份有限公司
台中市工業區30路1號　電話　04-23595819　傳真　04-23597123

☻讀者回函卡

謝謝您購買此書，為了加強對讀者的服務，請詳細填寫本回函卡，寄回給我們（免貼郵票）或E-mail至huacheng@farseeing.com.tw給予建議，您即可不定期收到本公司的出版訊息！

您所購買的書名/______________________ 購買書店名/__________________

您的姓名/___________________________ 聯絡電話/____________________

您的性別/□男 □女　　您的生日/西元__________年_____月_____日

您的通訊地址/□□□□□____

您的電子郵件信箱/____

您的職業/□學生 □軍公教 □金融 □服務 □資訊 □製造 □自由 □傳播
□農漁牧 □家管 □退休 □其他

您的學歷/□國中（含以下） □高中（職） □大學（大專） □研究所（含以上）

您從何處得知本書訊息/（可複選）

□書店 □網路 □報紙 □雜誌 □電視 □廣播 □他人推薦 □其他

您經常的購書習慣/（可複選）

□書店購買 □網路購書 □傳真訂購 □郵政劃撥 □其他______________________

您覺得本書價格/□合理 □偏高 □便宜

您對本書的評價（請填代號/ 1. 非常滿意 2. 滿意 3. 尚可 4. 不滿意 5. 非常不滿意）

封面設計______ 版面編排______ 書名______ 內容______ 文筆______

您對於讀完本書後感到/□收穫很大 □有點小收穫 □沒有收穫

您會推薦本書給別人嗎/□會 □不會 □不一定

您希望閱讀到什麼類型的書籍/____

您對本書及我們的建議/

廣告回信
台北郵局登記證
台北廣字第000526號
免貼郵票

（華杏出版機構）

華成圖書出版股份有限公司　收

11493台北市內湖區洲子街72號5F（愛丁堡科技中心）
TEL/02-27975050

（沿線剪下）

（對折黏貼後，即可直接郵寄）

本公司為求提升品質特別設計這份「讀者回函卡」，懇請惠予意見，幫助我們更上一層樓。感謝您的支持與愛護！

www.far-reaching.com.tw　　請將　C0348　「讀者回函卡」寄回或傳真 (02) 8797-2007